松浦弥太郎的
书单

被称为
好书的书

[日]松浦弥太郎 —— 著

王歆慧 —— 译

北京时代华文书局

图书在版编目（CIP）数据

被称为好书的书：松浦弥太郎的书单 /（日）松浦弥太郎著；王歆慧译. — 北京：北京时代华文书局，2021.10
ISBN 978-7-5699-4373-3

Ⅰ．①被… Ⅱ．①松… ②王… Ⅲ．①推荐书目－世界 Ⅳ．① Z835

中国版本图书馆 CIP 数据核字（2021）第 173063 号
北京市版权局著作权合同登记号　图字 01-2019-5179

BOKUNO IIHON KOUIUHON
Copyright © 2014 Yataro Matsuura
All rights reserved.
Originally published in Japan by Asahi Shimbun Publications Inc.
Simplified Chinese translation rights arranged with Asahi Shimbun Publications Inc.
through YOUBOOK AGNECY，China
本作品简体授权经由玉流文化版权代理独家授权。

被称为好书的书：松浦弥太郎的书单
BEI CHENGWEI HAOSHU DE SHU SONGPU MITAILANG DE SHUDAN

著　　者｜[日]松浦弥太郎
译　　者｜王歆慧

出 版 人｜陈　涛
策划编辑｜胡　家　关菊月
责任编辑｜田晓辰
责任校对｜张彦翔
装帧设计｜王柿原
版式设计｜段文辉
责任印制｜訾　敬

出版发行｜北京时代华文书局 http://www.bjsdsj.com.cn
　　　　　北京市东城区安定门外大街 138 号皇城国际大厦 A 座 8 楼
　　　　　邮编：100011　电话：010-64267120　64267397

印　　刷｜三河市嘉科万达彩色印刷有限公司　电话：0316-3156777
（如发现印装质量问题，请与印刷厂联系调换）

开　　本｜880mm×1230mm　1/32　印　张｜7　字　数｜165 千字
版　　次｜2021 年 11 月第 1 版　　印　次｜2021 年 11 月第 1 次印刷
书　　号｜ISBN 978-7-5699-4373-3
定　　价｜49.80 元

版权所有，侵权必究

前言

在我的人生中,有许多能够被称为"友人"的书。

我喜欢书,但我并不是所谓的读书家。我并非每天坚持阅读一本书,也没有在家里收藏书的兴趣。若是一定要举出爱书的例子,我仅仅会在床边放上几本熟悉的书,在睡前稍微翻几页。或是在旅行时带上几本书,但有时甚至根本不会翻动一页。

如果你想了解我熟悉的那些书有多么好、多么有趣,对我来说有多么重要,那么我会像谈论喜爱的对象一样与你彻夜长谈。熟悉的书对我来说就是"友人"。

在人的一生中,广交100位朋友,不如深交10位朋友。这个道理也适用于书籍,与其阅读100本书,不如将一本书读上100遍。

请想象你遇见了一本想读上100遍的书,并度过了一段宁静的时光,在此期间你与那本书交谈甚欢。终有一日,你将体会到心灵相通带来的喜悦之情。只要闭上眼睛,那位朋友就会出现在你的心里。

如今,我明白了两个道理:爱书即爱人;读书即倾听作者的心声。

在成长为一名成年人的过程中,我终于学会了正确阅读一本书的方法。

在旅途中,某一天我意外地起了个大早。我从床上慢慢起身,拉开窗帘,窗外白茫茫的晨光映入眼帘,那壮观的景色令我惊叹。我无法控制好奇心,便收拾好东西飞奔向外面的世界。在异国他乡度过的早晨,总是给我带来童话世界一般的美好和惊喜。我喜欢单纯地拾起那些美好事物的片刻时光。

某一天,我带着这种心情到马赛港(位于法国东南沿海地区)散步。海鸥群仿若巨大的白色花束在碧蓝色的天空中飞舞。当我闭上眼睛回想那一幕,堀内诚一(日本插画家,作品以儿童绘本为主)在旅行中绘制的几幅画就会缓缓地出现在我的眼前。因此,我总是会带上一本堀内诚一的书踏上新的旅程。

堀内诚一的许多画作,曾使青春期的我心生对旅行的向往,指引我踏上旅程。从某一天开始,我会将存放在口袋里的旅途回忆和堀内老师绘制的风景重叠到一起,享受这份独特的乐趣。漫步贝尔维尔山丘(位于法国巴黎)时,我也随身携带着堀内诚一的画。

堀内诚一的旅途画作带给我的影响是无法估量的。由此我对人类的智慧萌生了强烈的探究欲。我会不远万里前往一个个遥远的国度,亲自体会历史遗留下的痕迹,近距离观察人类的祖先发明创造的事物,融入异国人民的生活。我会毫无保留地展现自己的感性,尽情想象自己将会在旅行的目的地遇见怎样的人和事。

堀内诚一总是在旅途中携带着相机、托马斯·库克(现代旅游创始人、"近代旅游业之父")时间表以及剃须刀,坚定地往目的地前进。我怀着或许能在某处遇见他的想法,至今依然在不停地旅行。他爱读的《黄金传说》(雅各·德·佛拉金著)至今依然是我不可替代的"友人"。

每当展开一段新的旅程,我便会萌生这样的想法:能够拥有可以被称为"友人"的书,在人生中是多么美好的事情啊!

目录

第一章·关于语言
大声说出我的爱

幸福就是拥抱着温暖的小狗 ·2
试着搜寻温暖的言语 ·4
渴望得到你的称赞 ·6
现在可以买到的法国好书 ·8
语言的力量 ·10
新的照片和新的语言 ·12
光之短篇集 ·15
将情思唱出来 ·17
向"父亲"学习当下的生活方法 ·19
手忙脚乱生活的护身符 ·21
"秘密的开始" ·24
口袋里的糖果 ·26

第二章·关于旅行
为我的旅途点亮明灯的书

一路顺风 ·30

一同前往目的地 ·32

大口吃三明治 ·34

有蓝鸟存在的风景 ·36

在启程的季节 ·38

两位作家向我讲述的旅行故事 ·40

照亮我的旅程 ·42

已经归去的人和即将归去的人 ·45

邀请你做出改变 ·47

令我恍惚而沉醉的旅行读物 ·49

自我之旅 ·51

在旅途中写一封信吧 ·53

憧憬富山的卖药人 ·55

淘气的日子,美味而令人眷恋的旅行 ·58

有什么人或事是让你无法离开的呢? ·60

第三章·关于文学
如同友人一般的文学

合作完成的美丽结晶 ·64

适合在夏季品读的忧伤但令人神清气爽的两本书 ·66

自由的化身 ·69
像朋友一样的文学 ·73
如同偷吃禁果 ·75

第四章·关于爱
我渴望随时都能站在新的"起点"

致想要创造浪漫生活的人 ·80
妙趣横生的日记 ·82
某天早晨的所思所想 ·84
两册书赠予永远的少女 ·86
在这个时代复兴的俄罗斯梦幻绘本 ·88
两本非常自由的书 ·93
我渴望随时都能站在新的起点 ·95

第五章·关于季节
像散步一样静静地阅读

花儿永远在心中开放 ·98
我想在春意正浓时读这两本书 ·100
畅想流浪 ·102
我想在夏天阅读、聆听的文字 ·104
像散步一样安静地阅读 ·106

手掌中的幸福 ·108
温暖那份秋日的寂寥 ·110
打包两本书度过寒冬 ·112
向天空打开书页 ·114
描绘肉眼看不见的生命 ·116

第六章·关于生活
学会真诚待人处事的方法和窍门

充满耀眼光芒，散发香甜味道的生活 ·120
一步一步，一针一针 ·122
名为茶粥的幸福 ·124
从一件小事中诞生的事物 ·127
将文艺的写作方式应用于烹调 ·130
当一个时代的点与点连成线的那一刻 ·133
门扉的另一侧 ·135
回忆中的餐桌 ·138
每天的欢呼声源于餐桌 ·142
学会真诚待人的方法和窍门 ·144
我想守护与应该守护的事物 ·147
学习生命的基础 ·149
禅宗大师道元不为人知的人生 ·152

第七章·关于存在
被称为好书的书

大不了上当受骗 ·156

满溢恋慕之情的绘本 ·158

被称为好书的书 ·160

肉眼看不见的东西是什么 ·162

能够开心学习的生活方式 ·164

两本起到范例作用的书 ·166

这是伦敦 ·168

走植草流的不良之路 ·171

世界应该走向的和平与作家的祈祷 ·180

贫穷的工作带来的快乐 ·183

遇见值得相信的美丽 ·186

拥有坚定眼神的著名随笔 ·189

诗歌中的自然主义 ·192

可以带着爱不释手的心情接触的菜肴 ·195

一个小故事带来的人类赞美诗 ·198

和眼睑中的友人一同去森林 ·201

无法忘怀的人 ·204

给书架注入爱情 ·207

后记:普遍的阅读指南 ·210

第一章

·

关于语言

大声说出我的爱

幸福就是拥抱着温暖的小狗

《小狗达西卡》卡雷尔·恰佩克 著
《史努比黄金50年》查尔斯·M.舒尔茨 著

我和两只狗——马尔济斯犬太郎和柴犬约翰,共同度过了童年时光。我负责照顾它们的日常生活,每天和它们相亲相爱。大家还记得有生以来第一次因怜爱而拥抱的对象吗？那份温暖的触感我记得非常清楚。令人怜爱的对象并非人类,而是那两只狗狗。一切都是源于日久生情。在春风温柔吹拂大地的某一天,我找到两本想要推荐给大家的书,因而忆起了那段往事。

《小狗达西卡》的作者是捷克童话、小说作家卡雷尔·恰佩克。他用手绘的插画和照片,生动地描绘了他与世界上最淘气的小狗达西卡的生活。这本随笔名著的文库本现已重新出版,附有一本关于达西卡的平面手绘漫画。漫画包含了许多小故事，比如新生小狗的故事，小狗在作者（曾是园艺家）珍爱的花园里不停地跑来跑去的故事，小狗尿尿的故事，结局却有些令人伤感。作者用温柔的笔触、诙谐的语言将自己与小狗度过的充满笑与泪的生活展现给读者，小狗调皮的形象跃然纸上。

《史努比黄金50年》为了纪念一本受到全世界读者喜爱的漫画——《花生》——诞生50周年而作。这本伟大的书记录了作者查尔斯·M.舒尔茨先生50年的经历，收录了从不同时代的作品中精选出来的漫画杰作。书中满载着我最喜欢的查理、布朗等多个角色诞生的契机、创作的秘密和许多幕后故事。

"幸福就是拥抱着温暖的小狗"，真是一个美好的句子。

试着搜寻温暖的言语

《真赝》小林秀雄 著
《图鉴》松本人志 著

大家不觉得感受风拂过肌肤很舒服吗？即便是刺骨的寒风吹过，也总有能够提供温暖的避风处。当下的社会太冷漠了，因此，我开始寻找能够让我的内心温暖起来的言语。那或许是在寒冷的冬日让我获得温暖的一句话。

"我认为一个物品美丽，是因为感受到了它本身具有的美感。然而，这并不是因为我们常说的物品的形状或者外观，而是因为它的外观反映了创造者的内心。"

这是小林秀雄先生的作品《真赝》中的一句话。

这本书描写了作者与日本的优秀人才和文化接触，追寻原点的故事，内容非常精彩，因此我希望年轻人都能读一读这本书。知名文艺评论作家白洲正子女士给出了这样的评论："这位作者是一位能够区分美丽的事物和事物的美丽，让言语编造的谎言同无法发声的物体对决的人。"当今的社会没有一个指示方向的路标，因此我希望大家至少能够掌握分辨事物的真伪的方法。因为人们总是在追寻美好的事物。

　　松本人志先生的《图鉴》一书，让我了解到笑声的背后也存在着美。本以为这是一本手绘插画集，读过整本书后，我看见了存在于作者脑中幽默的松本人志，因此完全可以称之为真实的松本人志图鉴。由"哎呀，咋说才好呢"这句温暖的话拉开序幕，随后铺垫了许多深入人心的美丽词句。手绘的插图虽然说不上精美，却早已超越了画工的范畴，无须用画工来评判美丑。此外，书籍设计的风格非常洒脱。在寒冷的日子里，将松本人志先生的《图鉴》放进口袋里，我便能感受到温暖。小林秀雄先生同样也是一位常常寻找美丽的事物并且不断思考何谓美丽的人。美丽的事物无论何时都是温暖的。有了这两本书，我感觉自己能够度过这个寒冷的冬天。

渴望得到你的称赞

《故事的留白：恩德最后说的话》米切尔·恩德 著
《真爱：为肖恩画的画》约翰·列侬 绘，小野洋子 著

在大多数人的心中，无论到了多大岁数都渴望得到别人的称赞吧。是的，我也有这样的愿望。

《故事的留白：恩德最后说的话》是1995年去世的诗人兼作家米切尔·恩德在逝世前不久留下的珍贵访谈集。相信大家都知道这位作家的《毛毛》和《永远讲不完的故事》等作品。

恩德的朋友，同样也是他作品的日文译者田村都志夫先生作为聆听者，将恩德生前谈论自己的作品、人生、思考等的访谈，下一部作品的主题"关于梦想"，以及在病床上讲述的"关于死亡"等一系列温暖且具有诗意的语句编撰成书。

田村先生曾说过："我会尽量将恩德说的话原原本本地翻译出来。将他说过的话慢慢整理成书时，我无法相信恩德已经不在世上。"

《真爱：为肖恩画的画》是一位父亲给儿子留下的充满爱的绘本。

"你猜现在我正在画什么？"当约翰·列侬这位父亲给儿子肖恩看他绘制的活泼有趣的动物时，向儿子提出了这样的问题。肖恩经过一番思考之后给出的回答成了这本书的书名。父子俩捧腹大笑，一边玩乐一边画了许许多多的画。

约翰·列侬逝世20周年，小野洋子女士为本书撰写解说词和序言，在全世界十几个国家出版了。每当我翻开这个绘本，就能强烈地感受到名为"家人"的永恒羁绊。

据我拙见，恩德和约翰一定都在遥远的地方，面带微笑地守护着他们的家人和朋友，为家人和朋友感到快乐，并给予他们赞美。受到他人的赞赏是多么幸福的事情呀。

现在可以买到的法国好书

《风格练习》雷蒙·格诺 著
《盖伊·皮拉尔特漫画集》盖伊·皮拉尔特 著

　　我想将下面介绍的两本书献给各位喜爱法式文化且自命高雅的读者。我认为附上前言说明会比较易读。对此我没有任何恶意，希望各位谅解。
　　《风格练习》在1947年出版于法国，至今依然受到广大读者喜爱，是雷蒙·格诺的一部代表作。作者用99种不同的风格描述了他偶然目击到的发生在巴士中的一个无聊片段。而那99种观察和表达方式，都是作者的实验品，同时也希望读者能够欣赏那灵巧的写作技法。读完整本书之后，我产生了不可思议的感觉，仿佛想动笔用100种方式撰写这个故事；同时受到了积极的影响，了解到一篇相同文章的各色写法。

《盖伊·皮拉尔特漫画集》书中的时间为20世纪60年代。这部具有时尚前卫风格漫画的作者，在当时，受到甘斯布和戈达尔等名人和许多插画家的爱戴。作者在20世纪60年代的作品《河畔的普拉夫达》和《祖蒂冒险记》都收录在这本小书里面，怪不得风靡大街小巷。附赠的迷你海报给我带来了另一种惊喜。

这两本书的内容都非常出色，装帧设计也非常精美。因此，只要在书店里看到，我就会忍不住手舞足蹈。

语言的力量

《我不了解诗歌》糸井重里 著
《少女气与布吉乐》YUKI 著

　　站在夏日的阳光下,任由微风吹过身体,我感觉全身很舒服。如此一来,什么会随着汗水流下来呢?那就是"好热啊,热死人啦"的心声。这句话代表了迎接舒适夏天而萌生的愉悦之情,"是的,夏天已经到来啦!"

　　我正在思考语言的力量。无论在何时,语言总是像这样突然出现在我们身边,独自走一段路,便能创造一个故事。无论是多么不起眼的词语都能创造一个故事,语言就是如此美妙。

　　《我不了解诗歌》是由广告撰稿人糸井重里创作的诗集。糸井老师温柔地找出在自己心脏周围滚动的名为"语言"的石块,仔细地将它们排成一列。一个个词语和其他词语连接到一起，一个个不起眼的词语逐渐变大，最终成为一首诗歌。我们所有人的身边和心中都滚动着许多精彩的词语。通过找到它们并将它们排成一列，即可生成肉眼可见的诗句。我和糸井先生一样，特别喜欢语言。

我想介绍另一位热爱语言的人——Judy and Mary的主唱YUKI（原名：矶谷有希）女士。《少女与布吉乐》正是YUKI女士创作的第二本散文集。在她创作的插画和散文之中，有许多时而温暖、时而甜蜜又辛辣的辞藻，处处表现着YUKI女士宏大、圆滑又简单的人生。她在这本散文集中排列的各种辞藻令我感到十分惊讶，竟然可以完全不用"爱"这个词语，通过其他辞藻来让人感受到充满着爱的现实，实在是太精彩了。我不由得再次感慨语言的力量是如此惊人。

新的照片和新的语言

《升》久家靖秀 摄，伯纳兄弟 编辑、装帧
《适合我的地方》谷郁雄 著，太加西·轰马 摄

　　久家靖秀的《升》伴随一阵春风吹来，飞到我的手中。拿到这本写真集的那一刻，我切身体会到了之前急切的等待都是值得的。

　　久家靖秀先生的照片总是非常生动，因为他会通过灵敏的洞察力来观察自然和生物，用端正的构图细致地注入爱意。在拍摄身边的日常风景时，尤其能体现久家靖秀先生构图的独到，他镜头下的景色总是带着暖意，时而带着共鸣，用深奥的语言向我们诉说着什么。照片的颜色、光和影、风景的形状，甚至是空气、温度、语言和声音，全部收录在一张照片里面，这张照片就像是久家靖秀先生亲自写下的

诗句或是随笔。每一张照片仿佛都沐浴着神圣美丽的光芒，吸引着我不停地往下看。普通的摄影家和久家靖秀先生的差距在此体现得淋漓尽致。我想大声说出这个观点，因为他的摄影作品能够让我体会到完全不同的心境。这本书之所以具有极大的魅力，是因为立花英久和立花文穗为了寻找书的出发点，在编辑和装帧上下了很多功夫。我非常高兴能够在春天遇到这本令我体会到快乐的书，希望读者也能够切身体会到这种快乐。

谷郁雄先生的诗集《适合我的地方》，由谷老师的文字和太加西·轰马老师的照片组合而成。谷老师平时总是会认真仔细地选取合适的词语，同时也是一位到处寻找自由意义的不羁中年人。《适合我的地方》就是为了这类不羁中年人而写的一本诗集。谷老师的诗句向我们传达着大自然的优美和人生的悲欢，无论何时总是充满了宁静且令人怀念的声音。"人们都是/由天使转世而来/强烈渴望/在地上生活的/不成才的/天使们"。这些诗句拉下了《适合我的地方》这本诗集的帷幕。我想带着这本诗集去远方旅行。然后，在前进的路上，像嚼鱿鱼干一样将谷老师的话语一字一句地融入自己的身体。

光之短篇集

《身体这份礼物》丽贝卡·布朗 著
《双焦点：若木信吾遇见素子》若木信吾、
  素子 著

盛夏是一个使人不知不觉远离阅读的季节。难道在盛夏期间只有我一个人对最近出版的外国小说感兴趣吗？带着对优秀译者劳动的感谢之情，我满怀兴奋地轻轻翻开一页书，似乎嗅到了一丝不寻常的异国味道。

《身体这份礼物》是备受关注的作家丽贝卡·布朗的作品。作品由许多个短篇故事组成，描写了艾滋病患者和居家护理工作者一同度过的时光。然而，比起题材本身，更加打动我的是更为真实地在人与人之间诞生的光和希望、信任，抑或是爱，还有给灰暗的死亡和悲伤注入耀眼的光芒。可以说,这本书静悄悄地带来了我们当下最为渴望的"生存"实感。我想慢慢地逐一读下去。那些打动人心的故事就是作者赠予我们的礼物。

《双焦点:若木信吾遇见素子》是一本具有崭新风格的写真集。若木信吾和素子两位摄影师一同前往各地旅行,以"摄影师拍摄影师"的双重现实为主题而诞生。若木信吾拍摄风景,素子则拍摄正在拍照片的若木。那一系列令人眼花缭乱的情景如同一部公路电影。他们曾在旅行的路途中追求着怎样的目标呢?可以说,波浪、风、光、时间,以及他们镜头下的许许多多的神圣景象都是支撑人类存在的根源——名为"爱"的巨大光球。写真集记录了他们在下田、出云、日向、高千穗等圣地度过的时光。我将这本写真集捧在手上,再次体会到照片所蕴含的无限能量。这不是一本肉眼所见之物的合集,而是将映在心中的闪耀景象,以及旅途中的美好时光汇集在一起的短篇集。

这两本书都非常适合作为礼物赠送给各个亲朋好友。

将情思唱出来

《金子美铃物语》电影制作委员会 编,荒木经惟 摄

《写作的魔法……》小山内诚 著

说到秋天的枫叶,比起通红的枫叶,我更喜欢在山间观赏一片片看起来无比温暖的、与杂木交织在一起的红叶。在即将到来的季节中,大自然的颜色将会慢慢固定下来。不妨每天跟随季节变化的脚步,静静地聆听自己的心声,与各种事物交谈吧。在这个季节里,我们都需要静下心来沉思。

"大家都不同,大家都很好……"这句诗出自生活在大正时代(1912—1926)的童谣诗人金子美铃。只要读过她的作品,无论是谁都能感受到藏在柔软诗句中的坚强内心。美铃在26岁那年

选择自杀，结束了凄惨的一生。仅留下3本小册子，收录了许多首童谣诗歌。她总是以孩童的角度观察世界，而她的诗歌也包含着纯粹的情感。一直留在心里的疙瘩，孩提时代体会过的情感，这类无法理解的情感依然存在于我们的内心。正因如此，读过美铃诗歌的人，都能找到真正的自我。因为她的诗歌能够让我们回忆起曾经拥有的、与自我心灵对视的能力。写真集《金子美铃物语》是一本记录了同名电影的回忆录。荒木经惟先生化身为美铃，拍下了许多照片。翻开书页，美铃喜爱的大海、山脉、道路、天空、田野、花草，接二连三地映入眼帘，我仿佛听见美铃正在静静地唱着童谣。

我买了一本手掌大小的书，书名是《写作的魔法……》。它像一本手账似的，引导读者将自己的想法转化为文字。我们可以每天记录下工作、家人、爱、约定、纪念等各种各样的回忆。这本书的卖点在于"为你谱写未来"。因为认为每一次相逢和遇见都是自己人生的一部分，所以我愿意将此时此刻发生的事情用文字记录下来。或许能写成一首小小的歌。

向"父亲"学习当下的生活方法

《流行中毒者的回忆录2：此后大约5年的回忆》
　川胜正幸 著
《FREE SOUL WEEK 横尾忠则：形象的越境
　者》横尾忠则 著

　　我喜欢听保罗·麦卡特尼翻唱披头士的《无处不在》（*Here There and Everywhere*）。优美的曲调自不必说，光彩夺目的歌词则完全贴合我的心境。我特别喜欢"为了度过精彩的每一天，希望我喜欢的人能够陪在身边"这句歌词，随时随地都会哼起来。

　　川胜正幸的《流行中毒者的回忆录2：此后大约5年的回忆》一书，并非仅仅堆砌着他钟爱的电影和音乐为这样的"流行病毒"，还有他花费了5年时间，用随笔的风格写下的多个专栏。只要认真阅读这本书，我们就能发现他痴迷的对象，受到他所言之物的影响，让每一天变得美好，并且能给人带来怎样的感动，能够给自己带来何种程度的幸福。请允许我擅自称川胜先生为"父亲"。我的"父亲"从上一部作品开始，在这15年期间一直在参加时代运动和街头格斗运动。我就是瞻仰着那英勇的身姿、宽阔的背影长大的一辈人。希望这本书能够成为一本社会教科书。

我的另一位"父亲"则是代表日本的流行艺术家横尾忠则。《FREE SOUL WEEK 横尾忠则：形象的越境者》一书以新作为中心，共55部作品，用万年日记本的形式呈现。它被誉为"具有自由的灵魂和自由的写作方式的作品集"，我相信除了横尾忠则，这个时代不会再出现第二个能够同时享有这两个称誉的人。我认为只有兼具流行和自由元素的艺术家，才能诞生将作品集设计为万年日记本的创意。封面有一个大笑的嘴，嘴里镶嵌着闪闪发光的金牙齿。这个设计实在太出色了。

此外，我从两位"父亲"身上学会了"如何精彩地度过每一天的方法"，并实际应用于日常生活。我想借此机会向这两位父亲表达真挚的感谢。

手忙脚乱生活的护身符

《多米诺骨牌的预言》久坂叶子 著

我想生活在这样的世界之中
无须头衔或奖章
各自遵从各自的内心
但人人都懂礼貌
男人和女人都在工作
男人和女人都坠入了爱河
每个人的幸福
每个人的祈愿
存放在内心深处的小小空间
穷尽一生为己而活
我想生活在这样的世界里
　　——摘录自《久坂叶子诗集》

快到20岁的时候，我接触到了久坂叶子的书。在某个夏天的黄昏，恋人递了一本《久坂叶子诗集》给我，让我读读看。我想先将上边这首诗《我想生活在这样的世界之中》推荐给大家。

久坂叶子1931年出生于神户市。在18岁那年，她的文被岛尾敏雄发掘，由此加入同人杂志《维京》（VIKING）。第二年发表的《多米诺骨牌的预言》一作讲述了旧华族因战败而导致价值观发生急剧变化的苦恼，并凭此作品入选芥川奖，为大众所知。此后，她发表了10篇小说和几首诗歌作品。

《久坂叶子诗集》这部作品记录了一位少女一生的感情生涯：为了维持美好的感情而苦苦挣扎，与恋人相思相爱，为恋人写情书，创作文学作品。从中，我想为大家介绍另一首我非常喜欢的诗——《苹果》。

我一边啃着苹果一边走在一条寒冷的路上
通红的夕阳将要落山
今天也是毫无希望、毫无力气的一天
只有寂寞不停地增长

但我甚至不知寂寞的来由

街角着火了

明明新的一年就要到来

可我甚至对于明天的到来都是如此恐惧

——寂寞将会继续增长吧

——为了继续忍耐这份痛苦

——如果我的内心萌生了"对于明天的期待"

——我将获得快乐

苹果的种子闪着黑色的光芒

我毫不犹豫地扔掉了心形的果核

  她在16岁时写下了这首诗。她那散发着温暖的诗句，少女独特的高昂悲伤情绪，奔放的文笔，无一不深深地吸引着我。每当读她的诗，我总是会发自内心地思考何谓诚实、自由、纯粹、语言。久坂叶子，享年21岁。在她那短暂的一生中，她总是竭尽全力而充满勇气地度过每一天。人们总是说她活得过于超前，对此我无法赞同。《久坂叶子诗集》将一个人的灵魂如同夏日的闪电一般在刹那之间展现在我们眼前。今后，我也会将这部诗集作为忙碌生活的护身符。

"秘密的开始"

《御宿翠鸟：初春辩才船》平岩弓枝 著
《放个屁飞到乌克兰》泷正则 著

"姬はじめ"这个词是用来表达华美新春的季节词。调查这个词的起源时，我发现了多种说法，出乎意料地给我带来了不错的消遣。一般来说，这个词是指男女在新年后的首次房事。比如日语中还有这样的说法：新年首次使用水火的行为，被称为"火水はじめ"，而初次骑马则为"飛馬はじめ"。各种说法都别有风趣。但在我看来，我认为它的意思更贴近某种事物的"秘密的开始"。那么，既然如此，在众多类型的秘密之中，阅读也可以占有一席之地吧。我们完全可以将阅读当作一种秘密，或是当成一种交流方式。

大家知道"御宿翠鸟"这个系列的小说吗？说实话，我非常喜爱"御宿翠鸟"这个系列的作品，甚至将它当作我的秘密。它是作家平岩弓枝女士从昭和四十八年（1973年）连载至今的一部以幕末时代的江户为背景的独立单元短篇小说。它是一部爱情小说，描绘了一对经营着小旅馆"翠鸟"的夫妇解决小镇里接二连三发生的事件，故事情景充满了季节感，而小镇居民的生活会让人充满熟悉感。《御宿翠鸟：初春辩才船》是这个系列的最新作品。如果你认为这只是一部日本时代小说，那就大错特错了。只要你读过这本书，就一定会被"御宿翠鸟"的世界深深迷住。那时，你一定能够理解我将这部作品视如珍宝的原因。

《放个屁飞到乌克兰》是一本稀有的奇书。作为泷正则的粉丝，我不能不读这本书。原本我以为只是将他在杂志《电视兄弟》（*TV Bros*）上连载的旅行日记整理成书，却没料到他那风趣的文笔正如放大招似的在我眼前炸裂。其人疯癫，其作品精彩绝伦。

口袋里的糖果

《我的坟墓——日塔贞子诗集》日塔贞子 著

今年春天的某一天,我第一次换上短袖衬衫,搭乘电车前往某个目的地。我坐在电车的座位上,午后的阳光透过玻璃窗暖洋洋地照在裸露在外的手臂上。在衣袖里被包裹了一个冬天后,手腕到胳膊的皮肤透着如同沐浴后一般的粉红色,内侧的肌肤泛着鱼肚白。如同婴儿绒毛一般的汗毛上下摇晃,稀稀落落地分布在手臂上。看着软弱无力的手臂,顿时觉得自己没出息。右手臂和左手臂一样孱弱,一点儿也不结实。这竟是一位上班族的手臂吗?我感到无比惊讶。过去,我的手臂虽然纤细,但柔韧且富有弹性,作为工作的道具充满了美感。没想到我的手臂在不知不觉之间变得如此孱弱。

当电车穿过公园一侧时，一大片绿色填满了我的视野。枝繁叶茂的绿树和纤细的树枝，正在等待即将来临的夏天。而我却满怀着不安。

每逢春季来临，我便想读诗。我常常突然在春天来临之际将冬季喜爱的长篇小说扔到一边。此时，我想将那些直截了当的、简单的、旋转着落入内心的、凝缩而成的、如阳光一般的文字圆球，像聆听音乐一样，将美好一个个塞进身体里。相比一边吹凉浓郁而美味的汤汁一边送进口中，我更喜欢将小而圆的糖果一个接一个地塞进嘴里。因此，在我准备迎接下一个季节到来而外出时，我会随身携带一本诗集。我会迅速打开诗集，直接阅读躺在书页上的文字。将文字当作点心一样"吃"进去。没错，诗集就是我放入口袋里的糖果。

日塔贞子是一名出生于山形县河北町的诗人，《我的坟墓——日塔贞子诗集》是在她去世后8年，以限量版的形式秘密出版的作品集，共发行了400册。日塔贞子的名气并不算大，但被诗歌爱好者广为熟知。她那充满坎坷的28年人生吸引着读者，而这些读者又用自己的语言持续传颂她诗歌的魅力,从而让她的诗歌得到了更为广泛的传播。在那本诗集出版50年后,寒河江、东根两市的4名女性组成了"樱桃花会",再次出版了传说中的《我的坟墓——日塔贞子诗集》,并在东北各地和东京的书店引发了强烈的反响。

日塔贞子在十几岁的时候,患上了结核性关节炎。在与病魔做斗争的过程中,她与四季派诗人日塔聪有了一段短暂的婚姻生活。那时候,她的右手已经无法动弹,于是改用左手执笔。然而,在她去世的一年前,连左手也变得无法动弹。在她28年人生中创作的许多作品都积极得反而令人感到无比悲伤,总是令我不禁潸然泪下。

诗人安达彻在解说中写道:"通过贞子女士短暂的一生,我认为将诗歌当作仅仅绽放于不幸悬崖上的花朵是错误的。执迷不悟地生活在现实世界中的我们(指现代诗人)才是病态的灵魂。每一首诗歌在本质上都是一个健康的生命。"

诗集的封面场景是一片雪花在桃红色的天空飞舞。今天,我将带着《我的坟墓——日塔贞子诗集》踏上旅途。夏天即将来临。

第二章

·

关于旅行

为我的旅途点亮明灯的书

一路顺风

《日本列岛：萤火虫前线之旅》宫岛康彦 著
《南极的企鹅》高仓健 著，唐仁原教久 绘

　　风穿过草丛，葱翠的叶子迎风摇曳。今晚，萤火虫们非常热闹，仿佛在鼓励你展开一次新的旅程。我的脑海里响起了一首曾在遥远的过去听过的歌谣：萤、萤、萤火虫来呀。
　　从南方一路向北前进，沿着萤火虫前线展开一场观赏萤火虫的旅行吧。《日本列岛：萤火虫前线之旅》是一本旅行指南，向游客介绍具有历史由来的萤火虫胜地。书中记载的景点皆是远离人群的秘境。小溪川流而过，周围绿树环绕，水流清澈如镜。萤火虫前线之旅总是非常短暂。当太阳开始落山时，我们将会看到身披纯白霓裳的萤火虫聚集在一起，逐渐形成一片灯火。天空被

夕阳染红的一刹那，我们将完全被耀眼的光芒包围。此情此景让我恋恋难忘，因此我想参加在全国各地举行的萤火虫祭典。

当我看到"旅行者"这个词，首先便浮现出高仓健先生的身影。虽然高仓健演员身份的知名度相对较高，但高仓健先生那清澈的目光总是让我想起他是一位出色的旅行者。《南极的企鹅》是一册精彩的绘本，记录了高仓健先生作为旅行者在世界各地的见闻和感想。

读到《澳大利亚的骑手》这篇文章时，我感动不已，以至于开始重新审视人类生存所需要的动力。高仓健先生因拍摄动作电影来到澳大利亚的牧场，曾带伤参加拍摄。尽管当地的骑手对他的挑战持否定态度，他仍然骑上裸马，精彩地演完了电影最后一幕。而当骑手们纷纷向他致敬时，他竟然喜极而泣，放声大哭。

即便是高仓健先生这样获得了无数成就的成功人士，用尽全力完成一个目标，获得他人的认可，也会产生喜悦之情啊。希望各位读者也能在某个目的地因为达成某个目标而喜极而泣。

旅行者啊，祝你们一路顺风。

一同前往目的地

《地球号太空船操作手册》理查德·巴克敏斯
　　特·富勒 著
《闪电兔与奇妙喵喵》罗德尼·艾伦·格林布拉
　　特 编绘

温柔的阳光包裹着眼睑,我感觉自己仿佛突然正在前往某个遥远而陌生的目的地,那种只有在旅途中才能萌生的漂泊流浪的心情填满了我的内心。

现在,你要前往何处,那里有什么?

《地球号太空船操作手册》是20世纪的技术专家兼思想家理查德·巴克敏斯特·富勒的一部代表作,他将地球和宇宙比喻成一艘船,围绕这艘船提出了各种各样全球性的问题。下面,让我们来听听富勒讲述的故事吧。

"对于我自身的诸多问题,我想尽可能多地采用远距离思考的方式来处理，尽力使用'孩童般的思考方式'。"我们现在正处于前往未来的旅途中，这句话对我来说是至高无上的鼓舞。正如富勒所言，地球号能够通过"用较少的东西创造较多的成果"，智能地提高人们在未来的幸福感。

我从这本书中学会了一个道理：如何全面地看待一件事情。

《闪电兔与奇妙喵喵》是流行作家罗德尼·艾伦·格林布拉特创作的绘本，日文版由PUFFY（日本女子偶像组合）的大贯亚美翻译。

两个分别名为"四月"和"五月"的女孩和闪电兔子展开了一场伟大的冒险。在旅途中，他们遇见了叫"奇妙喵喵"的猫咪，共同制造了许多欢乐、悲伤的回忆。这一幕幕奇幻的故事都发生在充满爱的旅途之中。当然，故事中还隐藏着许多我们绝对不能忘记的信息。罗德尼总是通过一个个故事给我们注入爱和勇气。

用宽广的视野观察世界，互相帮助，一同构筑幸福的生活。

人类、自然，还有我们，都在名为"时代"的漫长旅途中前行。

大口吃三明治

《风之家族:劳伦斯·凡·德·普司特选集2》
劳伦斯·凡·德·普司特 著

将黄瓜切成薄片,撒上盐,用力揉搓几下使盐渗透进去。将揉搓过后的黄瓜放进碗里,将香蕉切成圆片,然后放进装有黄瓜的碗里面,往碗里挤上适量的蛋黄酱,搅拌均匀。然后,将两片英式吐司烤到焦黄,拿出来后仔细涂上黄油。将用蛋黄酱拌好的黄瓜和香蕉完全夹进英式吐司里面,美味的黄瓜香蕉三明治就此完成。双手拿着三明治,张大嘴巴咬一口,美味渗透全身。在约塞米蒂国家公园(位于美国加利福尼亚州)的小屋旅馆里面,山地导游赛斯用一双巧手为我做了这个三明治。这不同寻常的美味使我惊讶得瞪大了眼睛。赛斯接着又为自己做了一份。在烤好的英式吐司上面涂一点蛋黄酱，洒下大量砂糖，吃起来酥脆可口。赛斯骄傲地挺起胸来，仿佛在问我："我的三明治怎么样？"我嚼着满嘴的三明治，笑着回答："味道浓郁。"

我无法忘怀在长途跋涉穿越约塞米蒂国家公园期间吃到的奶油意大利面的美味。将脱脂奶粉和芝士粉洒在煮好的意大利面上，佐以盐和胡椒调味，用叉子旋转着搅拌即可。

赛斯一边大口咀嚼着三明治，一边用另一只手灵巧地翻开书页，开始阅读劳伦斯·凡·德·普司特的《风之家族：劳伦斯·凡·德·普司特选集2》。当我问他"你读完这本书之后能不能把它送给我"时，他在读到一半的时候就非常大方地将那本书赠予我。赛斯说："这本书也是别人读到一半的时候送给我的。"然后松了一口气似的躺下去，随口喃喃道："这个世界上不存在任何属于自己的东西。这是传奇探险家埃弗雷特·路易斯曾说过的话。"当我抬起头仰望天空时，一只巨大的黑鸢在微风中飘荡。当咀嚼残留在嘴里的黄瓜片时，我听到了清脆的声音。

有蓝鸟存在的风景

《巴黎蓝鸟》维罗尼克·威勒明、乔·勒布朗 著
《谈星三百六十五夜之春季》野尻抱影 著

每逢此季节,闪耀的阳光和柔和的微风会温柔地笼罩这个世界。打开家门,飞奔到大街上,在旅途中见到的风景将会隐约从脑中一个角落浮现出来。我忽然想出去走一走。当我怀着这样的想法走出家门,和一位朋友在书店里闲逛的时候,发现了一本非常精美的书。它的名字是"巴黎蓝鸟",我对它的封面一见钟情。

一个名叫简的男孩在和妈妈购物时迷路了。因为找不到妈妈,可怜的简害怕得大哭。此时,他遇到了居住在巴黎圣母院的蓝色鸽子涅斯托尔。涅斯托尔打算送简回家,顺便游览巴黎。他们一同在巴黎的各个角落留下了欢乐的脚印,时

而乘坐苍蝇船，时而登上埃菲尔铁塔，时而去小丘广场看画展……这些暖心的故事构成了这本小型巴黎游览宣传册。实际上，这部绘本的大纲是作者维罗尼克先生在儿子的央求之下写出来的，然后根据儿子构想的故事实地拍摄照片编撰而成。在今年春天，我遇到了这本精彩的游记。我仿佛看见穿着蓝色毛衣和蓝色鞋子的简与那只蓝色的鸽子正飞翔在巴黎的上空，带我游览整个巴黎。

说起来，我有一本旅行必带的书。那就是野尻抱影老师为星星而写的书。野尻抱影先生一生都在谈论星空的浪漫和魅力，由于曾为冥王星取名，他在天文学界也有一定的知名度。我挑选了许多作者的著作，最终选择将《谈星三百六十五夜之春季》带上旅途。正如标题所示，这部著作用随笔的方式描述三百六十五天的星空。一年三百六十五天，每天晚上都能品读一个不同的故事，实在是精彩绝伦。不妨在旅途的星空之下，全情投入这些星星的神秘和传说之中，据说春天的夜空中沉睡着一只巨大的熊哦。

在启程的季节

《来到拉海纳的原因》片冈义男 著
《漫长季节：佐藤伸治诗集》佐藤伸治 著

终于迎来了无须穿外套也能舒服散步的好天气，此时再劳碌奔波就显得有些傻气了。

我拿着一本书来到附近的咖啡厅。《来到拉海纳的原因》静静地躺在桌上咖啡杯的旁边。这是片冈义男夏威夷小说的第四部，大众期待已久。

漫无目的的旅行是最精彩的。这句话听起来似乎很酷，但即便没有目的，我们只要出发旅行，就一定会邂逅他人，遇到有趣的事，观赏到各色风景，还能体会风的味道，而这些无论过了多久都会留存在心底。正因为知道一定能有这些收获，所以旅行不需要目的。一开始读到与书同名的短篇故事时，我仿佛听见了作者的喃喃自语。我单手端着咖啡，一边品尝咖啡一边读下去,不知不觉就发现已经翻了好多页,几乎完全沉浸到书中的世界。最后,当我看到短篇《复古双座小轿车随想曲》时,才合上了书页。因为我想尽可能慢慢地享受这趟愉快而温暖的旅行。书中收录了格外热爱夏威夷的作者笔下的28篇故事,读过这些故事,我了解到作者片冈义男这位旅人并不仅仅是一名观察者。我一口气喝完残留在咖啡杯底部的甜块,沐浴着明媚的阳光走出咖啡馆。

说到"Fishmans"(渔人,日本乐队,佐藤伸治是成员之一),你们一定立刻就会想到他们创造的音乐世界吧。但是,这本《漫长季节:佐藤伸治诗集》会让我们忘记这位音乐人的音乐世界,侧耳倾听名为佐藤伸治的青年不加修饰的话语。每一首诗都记录了他在日常生活中的小小的发现,还有悲欢离合。佐藤伸治仰望着蓝色的天空,如同吹肥皂泡泡一般将他的所思所想写成文字,编写成一首首诗,向我们叙说。那些文字如肥皂泡一样在我们眼前"啪"的一声绽开,形成彩虹色的光圈,不知道给多少人带来了勇气。当你犹豫不前时,只要勇敢地踏出一步,他一定会对你微笑。你好,佐藤君。

两位作家向我讲述的旅行故事

《饥饿的艺术》保罗·奥斯特 著

《塔比里昂》岛尾真帆 著

接下来,我想谈谈令我怦然心动的两本书。

"当你真正孤身一人,真正陷入孤独的那一刻,你才能够摆脱孤独的状态,开始感觉到自己与他人的联系。"这句话出自《饥饿的艺术》,一本总结了美国文学的旗手——保罗·奥斯特——在出道前的思想和探索,以及出道后的4次采访内容的书。而这句话让我深刻地体会到保罗·奥斯特这位作家开始展开内心旅程的心境。

打开书页,我看到了一位年轻且极其贫穷的无名诗人。那位诗人正是保罗·奥斯特,他坚持用主观的叙事方式,如同在公共场合自言自语一般,向我们诉说他的真实想法。成为作家以前和我们别无二致的保罗·奥斯特的样子毫无保留地跃然纸上——值得我们热爱的,对自己无限诚实的"无赖"。他曾说过:"我们发出的声音代表了一切。"因此,我们也会在不知不觉之间成为叙述者。书中包含了他对于美国和法国的现代诗歌的看法,以及他在名为"自己"的世界中畅游的故事。这本书深深地吸引着我,短时间内我绝对不会移情别恋。

我认为岛尾真帆老师也可以归类为"无赖"。读过她的《塔比里昂》后,我发自内心地萌生了这样的想法。书中有这样一句话:"我认为人类活在世上的每一天都在旅途中。"这句话诉说着她依靠自己的嗅觉前往世界各地,而又因为完全依靠嗅觉行动而常常迷路。在此,我找到了她和保罗·奥斯特的共同点。和保罗一样,岛尾老师也是一位能够在公共场合自言自语的人。她常常将自己发现的、想要与他人分享的事物以及应该踏实地去做的事情,用一种非常清新的语言叙述出来。因此,我认为她也是一个值得被读者喜爱的存在。读到书中最后一句话"一路顺风!"时,我相信因此而获得了鼓舞的绝不止我一个。在此我要向岛尾老师表示由衷的感谢。

照亮我的旅程

《HALF MOON：半泽克夫写真集》半泽克夫 摄
《消灭飞机云》铃木清刚 著

在乘坐夜行列车旅行的路上，没有比在熄灯后的车厢内，借着月光独自翻开书本更让我感到愉快的事情了。我喜欢置身于按固定节奏摇晃的车厢，聆听列车沿着轨道前进的声音。此时，不会被任何人打扰，我能够摸索着一个个文字慢慢地读下去。偶尔我会一直凝视着被黑暗笼罩的窗外风景。出发前，我没有精心挑选陪伴我踏上旅途的书，而是随缘装了两本。不久前，我合上书页，将一本书放在膝盖上。我不再继续阅读，而是静静地聆听夜行列车"咔嗒咔嗒"地向前疾驰的声音。

倘若一个人游历过15个国家，经历了15种不同的风土人情,他的镜头会记录怎样丰富多彩的风景呢?对此,摄影家半泽克夫答道:"照片就像一本满载感动的日记。"

写真集《HALF MOON:半泽克夫写真集》是一部用日记的形式,记录半泽先生在30年间多次环游世界的集大成之作。翻开写真集,我们便能看见异国人民跳舞的情景、微笑的样子、伫立的模样、祈祷的情景。半泽先生总是静静地观察在日常生活中不经意间发生的趣事和怪事以及美丽的风景。其中有许多令人难忘的地方,比如哈瓦那、越南、爱尔兰、布拉格、西非、印度。我在安静的车厢内,将《HALF MOON:半泽克夫写真集》搁在膝盖上。翻开书页,我仿佛听见了照片中的声音和风的低语。湄公河的河水湍急流动的声音仿佛近在耳畔。当我闭上双眼,照片中的人们似乎开始走动,照片中的各种风景恢复了呼吸。半泽先生从印度开始的漫长旅程仍在继续。30年间不停地在世界各地旅行的人会是一个怎样的人呢?思考至此,我又放下书本,沉浸在无边无际的黑暗之中。

我被"消灭飞机云"这个书名吸引,入手了

铃木清刚的《消灭飞机云》。从书名来看,这像是一个旅行故事,没想到全是恋爱故事,买回家我就后悔了。然而,故事内容却出乎意料地有趣,这令我非常头疼——"好吃的"就在旁边,旅途中的"空腹"就让我无法接受了。伴随着火车摇晃的节奏,我不停地翻开新的一页,连我自己也没有发觉嘴角溢出了微笑,那笑容已然映在车窗上。当我回忆起一段恋情,总会感觉内心充满了温暖。伴随着火车"咔嗒咔嗒"前进的声音,黑暗的天空也变成了温暖的金色。

已经归去的人和即将归去的人

《鳄鱼的眼泪》斯瓦沃米尔·姆罗热克 著
《北国风光》操上和美 著

这是一个大地回春、万物复苏的季节。开辟一条辉煌的道路吧。在向阳处行走的你，将沐浴在名为希望的微风中。

既然有出发就必定会有归来。出发和归来是闪着光的存在。

我得到了一本名为"鳄鱼的眼泪"的书。这本书用极其幽默的手法描绘了二战后波兰共产主义社会的现实，用充满讽刺却不惹人讨厌的风格创作了一篇篇短小精悍的散文和漫画。作者姆罗热克生于波兰南部，自20世纪50年代以来，作为讽刺作家和漫画家持续创作了许多作品。他在战后立刻离开了波兰，之后分别在巴黎、墨西哥等国生活了33年。然而，他在晚年回到了祖国波兰，精力旺盛地创作了许多年。这本书中有一句对话："姆罗热克为何要回到波兰？一定是遗失了什么东西吧。"他遗忘了的东西是什么呢？我一边翻动着书页，一边思考着这个问题。

操上和美老师的《北国风光》是一本非常精彩的写真集。操上老师在北海道的内陆城市出生长大。在24岁那年的春天，他为了学习摄影而奔赴东京。每个人的脑中都会铭刻着小时候见过的风景。由于父亲的去世，操上老师离开了故乡北海道，从此踏上旅途。他认为或许能在旅途中找到真我。我反复读了这本书很多遍。书中的景色正是父子两人宁静的旅途风景，亦可令人感受到如梦似幻的悲伤。

已经归去的人和即将归去的人。书中每一个句子和每个人的眼神都将以全新的方式铭刻在我心中。

邀请你做出改变

《每天都是冒险》荻原朔美 著

《妖精们的爱和性》弗朗西斯卡·莉亚·布洛克 著

将每一天变成有趣的一天，尝试尽量花功夫打造每一天。导演兼作家荻原朔美女士的散文集《每天都是冒险》汇集了许多教你打造愉快一天的小故事。书中的语言如口哨一般轻盈，让你感到舒适而轻松。

每天到街上漫步都是一次全新的冒险。或是忘带东西，或是拿反望远镜，或是将雨水当成眼药水使用……无论多么无聊，每一天都是不同的一天。那么，不妨亲手打造属于自己的一整天，无论是发呆也好，做点儿什么也罢。例如抬头看见天空中飘浮着一朵白云，你可以随意想象云朵的形状，或是静静地看着云，就这样打造属于你的一刻。此外，这本书虽然小到可以用单手握住，却使用了一个坚固的盒子包装，实在是非常有魅力。小而充实，正如其名"每天都是冒险"。我想这本书大家都会喜欢吧。

女作家弗朗西斯卡·莉亚·布洛克非常受美国的年轻人喜爱。我得到了她的作品《妖精们的爱和性》。继独特的另类幻想作品之后，她创作了这本献给成年人的枕边故事。故事的舞台位于珠光宝气的加利福尼亚州，她用9个章节描绘了爱与性的故事。

故事主人公是一个十分具有魅力的角色，因受过伤害而留下阴影，通过性找到了真爱，并被赋予精灵的语言，通过那份不可思议的魔力逐渐改变了自己。每一个章节都是一个短篇故事，但每一章都委婉地和其他章节相互连接，因此读起来特别有意思。让读者感受到性是如何让人变得幸福，而又是如何梦幻而充满官能之美。作者如诗歌一般充满温柔的文风，将我引至深奥刺激的世界之中。

令我恍惚而沉醉的旅行读物

《从北美到东方》林白夫人 著

《墨西哥亡灵节》绪川玉木 著

在这个季节里,月亮总是飘浮在蓝色的夜空中。在秋日的某一刻,我会恍惚地沉醉于温柔的夜风中,恍然忆起遥远旅途中的往事。

想去某个地方旅行啊。或许是因为读了林白夫人的《从北美到东方》吧。这本书令我萌生了踏上全新旅途的冲动。这本散文集,记录了林白夫人和她的丈夫——著名飞行家查尔斯·林德伯格——一同驾驶一架小型飞机,进行空中旅行的日子。他们从纽约飞到加拿大,从阿拉斯加飞到西伯利亚,还飞过日本和中国。林白夫妇两人通过空中冒险而经历的各种事件,和由此建立起来的个体同一性和充满勇气的小故事,都有趣得令人忘记时间的流逝，以至于让我不断忆起已藏进心底的往昔旅行记忆。对于林白夫人而言，旅行以及她所写下的关于旅行的种种都意味着什么？林白夫人既是作家也是女飞行员的先驱，她用幽默的手法活灵活现地描绘了旅行中的故事。此外，每一章都收录了查尔斯手绘的各个地区的地图，极为精致，实在令人着迷。

接下来，我要直接切入到骷髅的话题。骷髅真可爱。拿到绪川玉木女士的旅行绘本《墨西哥亡灵节》时，我好像发出了"好可爱"的声音。虽然是绘本，但实际上这本旅行日记的大部分内容都是由绪川女士拍摄的精美照片构成的。墨西哥是个非常不可思议的国度，到处都能看到骷髅。旅途中的风景时髦而鲜艳，越是深入这个国度，就越能发现到处都是让你仿佛迷失在糖果之国的景色，仿佛在绪川女士的梦中旅行。越是沉迷于这本书，就越是喜爱旅行。

今年秋天，真是一个令我恍惚而沉醉的季节啊！

自我之旅

《巴黎之悟》杰克·凯鲁亚克 著
《美国的61种风景》长田弘 著

我曾经在某个晴朗的秋日独自前往一片人烟稀少的海洋。有段时间，我单纯想去海边，一直眺望那遥远的彼岸。没有任何意义和目的，单纯怀着自己内心的欲望，单纯怀着看海的愿望，通过不断试错，独自从远方跋涉至海边。那一天，我便是完全按照自己的步伐来选择正确的道路，一步一步来到海边。

读过《巴黎之悟》，我便忆起了曾经经历过的类似的旅行。著有《在路上》，被称为"垮掉的一代"的作家杰克·凯鲁亚克，是一名法裔美国人，5岁前接受的都是法语教育，但他对于在法国度过的生活几乎没有印象。凯鲁亚克怀抱着对故乡的感情，在晚年时期，为寻根独自前往巴黎旅行了10天。凯鲁亚克希望能在巴黎的街道漫步，泡在酒馆和咖啡馆里面，偶尔去图书馆调查自己的家世，能亲眼看看陌生的故乡。然而，他没能实现这个愿望。当他要前往布列塔尼（位于法国西北部）时，没赶上飞机。即便说得一口流利的法语，作为一名地道的美国人，凯鲁亚克根本无法融入当地人的生活，结果终日沉溺于酒精之中，因此写下了这本旅行记。充满即兴创作风格的内容令我无比兴奋，忍不住一口气读完了。这部作品毋庸置疑是一部佳作，但同时也是能够发现凯鲁亚克全新风格的珍贵作品。

对于喜欢公路电影或喜欢美国的读者，我想推荐《美国的61种风景》。这是诗人长田弘根据亲自驾车在北美洲行驶10万英里（约合16万千米）的旅途回忆写成的随笔集。长田先生写道："这里除了大海之外别无他物。我便一直凝望着大海。但是，当我凝望着大海时，我察觉到了一个事实，此时此刻我所看见的其实是时间。"

在旅途中度过的日子一定是美好的。并且，充满了因了解自身而产生的喜悦。

在旅途中写一封信吧

《从古老国家寄来的一封信》H.K.尼尔森 著

"从古老国家寄来的一封信",书名实在是太美了。这是我一直想要为大家介绍的一本书。现今在市面上仅留存二手书,所以很难买到。本次,由我来向大家介绍这本书的迷人之处吧。

本书作者是H.K.尼尔森。这是一位曾任职于丹麦报社、在世界各地工作的女记者。尼尔森的丈夫被派到日本之后,受到当地人的亲近,尼尔森通过向《生活手帖》投稿名为"丹麦女孩"的随笔,与花森安治成了朋友。后来,她为了让日本年轻人了解欧洲各国居民的生活状态,开始在这本杂志连载旅行游记,《从古老国家寄来的一封信》正是将她的连载汇编而成的书。

第一次连载的标题是"初次来信",内容如

下:"人们经常问是否能给我写信,哦,或许你会愿意听我讲述我所到之处的见闻吧。希望你也能感受到我的所见所闻所感……我从古老的国度而来,我想源源不断地给日本的朋友们,还有其他国家的朋友们写信……"尼尔森夫人的旅行故事正如她温柔的笔触一样,以写信的形式一封封地寄给日本的读者,热情洋溢。翻开第一页,我们便会被信的内容带往尼尔森的旅行目的地,感受未知而古老的欧洲文化。

在丹麦,她去到安徒生的家,拍下安徒生的出行装备。而到了瑞典,她写下了5个姐妹在天鹅溪村经营"龙人的女儿"咖啡馆的故事。此外,她还写了阿姆斯特丹时髦的水上房屋、奥斯陆一座如同人偶屋一般的山上小屋和老旧的教堂。居住在巴黎的泼辣缝纫女工的故事让我开怀大笑。书中文字纵向排列,细长的内页中有花森先生绘制的插图和题字。总之,美好得纵使有千般话语也说不尽。读完书后,轮到我们出发旅行。然后,在旅行目的地给某个人写一封信吧。

憧憬富山的卖药人

《日本残酷物语1》宫本常一 等 编著
《鲁滨孙漂流记》丹尼尔·笛福 著
《骑马去西藏》渡边一枝 著
《在山中独居》浦松佐美太郎 著

我非常崇拜从江户时代到明治时代奔走在山间的"富山的卖药人"。偏僻的山村正是卖药人的营生之地,同时也是旅行的目的地。一般需要连续不断行走7天才能到达一个村子,只要卖药人来临,村民们就会尽可能地款待他们。能够买到药物当然非常重要,但对于村民们来说还有更值得期待的事情,那便是卖药人会向他们讲述旅途中的故事和世界上发生的各种事情。无法从别处获得信息的村民争相向卖药人打听故事。卖药人越是能讲有趣的故事就越受欢迎,并且相应地能卖出更多药。掌握大量知识和信息,善于社交的卖药人就像畅销书一样受人喜爱。

民俗学者宫本常一在自己的旅途中实践了"边走边看边听"的理念,采集了全国各地的民俗和风俗习惯。他也是一名学习并实践"富山卖药人"的旅者。为了打听当地的风土人情,作为交换,他会首先讲述自己知道的世界各地的故事,取悦村民,让他们打开金口。据和宫本常一同行走的旅伴所说,在采访期间,他总是从下午3点开始寻找当晚的住处。这是因为太阳下山以后再找就晚了,如果不能找到借宿的人家,在某些地方风餐露宿可能会危及生命。

《日本残酷物语1》是宫本常一等民俗学者将走遍全国各地收集而来的信息编成的一册书。在用自己的双脚开辟的旅途中,他们从原本绝不会开金口的人们口中打听到了各种禁忌的事件。我带着倾听卖药人讲故事的心情翻开了这本书。每一个故事都非常恐怖、悲伤又美丽。

如果有人还未读过渡边一枝先生的《骑马去西藏》,那么我一定会非常羡慕。因为我至今也无法忘怀初次阅读这本旅记散文时的感动之情。

这本有趣的旅记带给我的心潮澎湃仅次于丹尼尔·笛福的《鲁滨孙漂流记》。

作者从西藏拉萨出发，途经拉孜，绕羌塘高原一周，骑马走了4000多千米，经过了半年多时间。作者放弃了速度较快的汽车，通过慢悠悠的旅行方式来遇见珍贵的事物。在宁静的旅途审视自己，遇见各种值得尊敬的人和事，被美好的生活和大自然的残酷深深吸引。渡边一枝先生与旅途中的每一个人畅谈，并怀着慈爱的心情写下了一篇篇日记。从这本书中，我学到了行走和旅行的意义。行走意味着独自怀念，独自思考，独自忍耐孤独寂寞；旅行则意味着克服困难，学会热爱事物。

浦松佐美太郎的《在山中独居》也是一部著名的散文集，作者在旅途中通过每天眺望高山来审视自己的内心。浦松佐美太郎是一名因首次登上韦特峰西山棱而闻名的登山家，同时也是作家、记者。流丽的文风读起来特别舒服，从头到尾没有流于单纯由血和汗构成的世界。而当得知这本书的内容大部分都是作者在25—30岁之间在战争时期完成的事实时，我感到非常震惊。

淘气的日子，美味而令人眷恋的旅行

《怪异的蓝色》大久保喜市 著

《是美味还是眷恋》安西水丸 著

今年冬天特别寒冷，度过漫长的严冬，终于迎来了带有春日的阳光。为了从冬眠中醒过来，我打起精神走出去时，看到一幅仿佛在庆祝新年一般闪闪发光的街景。我从口袋解放双手，抬头仰望天空，内心蓦地涌出淘气的情绪。

我要介绍的第一部作品，故事发生在20世纪70年代的原宿。原宿"中心住宅"位于表参道和明治大道的交叉处，聚集了走在时尚最前沿的年轻人。他们的一天从面朝大街的LEON'S COFFEE咖啡馆开始。虽然不会与咖啡馆里面的任何人建立亲密关系，但只要去那儿就能感受到特别的气氛。想来，原宿这个地区至今毫无变化，或许是为了保留让淘气的年轻人放松身心的唯一去处吧。

《怪异的蓝色》正是以原宿为舞台，是在那里度过自由奔放日子的R＆B乐队"COOLS"原成员大久保喜市根据当时的记忆撰写的故事。一群年轻人为了寻找未知的刺激，每天晚上跑到原宿的街道寻欢作乐，在混沌之中寻找名为希望的光芒的旅程，是一部真实而纯粹描绘20世纪70年代的原宿、青山、赤坂、六本木的纪实文学。实在令我激情澎湃。

近日，我收到了插画家安西水丸先生的《是美味还是眷恋》。这是一本散文集，记录了安西先生周游世界的过程中，在世界各国尝过的难以忘怀的味道以及与难忘女性的美妙邂逅。随书附赠了一张使我想带去旅行的明信片，细致而周到的搭配令我愉悦。纽约、京都、马赛、布达佩斯……无论何时阅读安西先生的旅行故事，我都会萌生像微风一样轻盈而温暖的感情。这究竟是美味还是眷恋呢？反复思考、摸索，便是旅行的乐趣。

有什么人或事是让你无法离开的呢?

《我的打字机的故事》保罗·奥斯特 著,萨姆·梅塞 绘

《给安蒂·努莫斯尼米的小书》保里正人 采访、编辑

世上有些事物会改变,也有不会改变的事物。想一想你的生活之中有哪些事物发生了变化,而有哪些完全没有发生过变化。

即使我们的生活和环境发生了很多次变化,但我们身边一定存在着不变的事物。例如比朋友和恋人更长久地陪伴在身边的事物。那或许是一本书、一件毛衣,也可能是一个花瓶。我不禁思考:为什么这些事物能如此长久地陪伴在我们身边呢?但是,越思考,离正确答案就越远。那么,为什么我离不开那些事物呢?无法仅仅用

"喜欢"一词来概括，我和那些事物或许已经合为一体了吧。若是拥有一件不变的事物，我自然会喜出望外；若是获得一件不变的事物，我会心满意足并感激不尽。对于保罗·奥斯特而言，那件事物就是西德制造的奥林匹亚便携式打字机。他曾在许多城市居住，也去过许多城市旅行，使用过无数支铅笔和钢笔，更换过数不清的家具，穿旧了几十件衣服，丢失或是丢弃了许许多多的东西。但是，唯独这台打字机一直陪伴在他身边。据说这是他在26年前拥有的物品之中唯一留在身边的。并且，他发现这台打字机陪伴自己走过了一半的人生路。《我的打字机的故事》就是一个讲述打字机陪伴着作者度过很多年的故事。此外，也可以说是萨姆·梅塞绘制的打字机的肖像集。

我遇到了一本名为"给安蒂·努莫斯尼米的小书"的小书。它的封面由五种颜色构成。当我将它叠起来放在阳光下时，那本书营造的空间里面奏响了一种令人神清气爽的节奏。

这本书介绍了一个名为安蒂·努莫斯尼米的芬兰产品设计师。原宿有一家名为"CINQ"的杂货店，店主非常喜欢安蒂·努莫斯尼米设计的咖啡壶，以至于决定制作一本书来纪念这位设计师。

这是一本怎样的书呢？我的回答是：这是一本自由地用自己喜欢的方式创作而成的、令人感到无比幸福的书。

第三章

·

关于文学

如同友人一般的文学

合作完成的美丽结晶

《大风吹拂》中川真 著，高桥YOKO 摄
《鸡蛋和尚》浦泽义雄 著，田村升 绘

总有一本书，让你想要侧耳倾听其中的话语。总有一本书，让你仿佛在深处听到令人怀念的温柔而惬意的声音。

将《大风吹拂》放在耳边，我听见了天空发出的声音。《大风吹拂》是一本由摄影师高桥YOKO先生和音乐学家中川真先生合作的、以巴厘岛为故事舞台创作的冒险小说。这两位深爱旅行的人，决定以"声音"为主题来创作一本新书。YOKO先生自然而然地融入当地人的生活，并持续不断地拍下了音源地的景色。而中川先生则是在巴厘岛的中心地区，一边拿着乌布的地图行走，一边写下了关于"声音"的、丰富

多彩的游记。

读完这本书后,我想去旅行,去寻找当地最美的声音。并且,我还想寻找现在自己所处的位置。

最后,我想说这本书的装帧非常精美,让人爱不释手。在此,我许下心愿,希望今后遇见的新书都不逊色于这本书。

前几天,我一直沉迷于一本名为"鸡蛋和尚"的书。当我偶然得知这部作品是由两位鬼才所作,简直难以置信。并且,这也是一部冒险小说。这本《鸡蛋和尚》,是由以著名的离奇故事脚本家浦泽义雄的文字,搭配艺术家田村升超现实主义而生动的插画构成的。浦泽老师以中国古典幻想文学名著《平妖传》为基础撰写本作。然而,这部作品不是单纯的续写。浦泽老师用他那独特的具有魔力的辞藻让角色们生动地展开行动。在此之上,田村老师的大幅插画使故事的画面动起来,从多个角度描绘了故事的节奏和深度。"我到底是谁……"这句话推动鸡蛋和尚踏上旅途,渐渐消失在人群之中。

那么,各位的旅行又是如何展开的呢?

适合在夏季品读的忧伤但令人神清气爽的两本书

《甜蜜生活》贞奴 著

《宇宙的一隅》安·马修斯·马丁 著

这是一个在偶然间便会为晃眼而过的风景着迷的季节。其名仲夏，是一个如同美妙而梦幻的气泡在刹那之间飘过眼前的季节。此时此刻，我惊叹到无法呼吸，只能从牙缝中挤出一个"啊"字。过了好一会儿才发出"好美啊……"的感叹。我认为一首诗就是从一个字或一句话中诞生的。不，包含着千万缕情思的"啊"或许就已经成了一首诗。

《甜蜜生活》是我期盼已久的贞奴老师的新作品。贞奴老师的辞藻如同魔法咒语一般，在不经意之间溜进我的心房，找到一个细微的空隙，渐渐渗透进去。于是，那些话语滴滴答答地濡湿了干涸已久的空隙。此时，我欣喜若狂。我一遍又一遍地阅读这些文字，仿佛解开了被谁施下的魔法……此外，两页之间夹着一些照片——都是从贞奴老师的视线拍摄的风景——使我认识到这本被称为诗集的书原来编织了一个完整的故事。这本书在我的夏天为我留下了甜蜜的回忆。我想暂时待在贞奴老师编织的故事世界中，安静地度过这个夏天。

我读了《宇宙的一隅》。现在我已经成年，而这个故事的主人公是一位12岁的少女，故事使我忆起孩提时代的自己。让我不禁陷入沉思，任何人都会有无法忘怀的、无法取代的回忆或是在某个夏天留下的回忆。主角哈蒂是一位腼腆消极的女孩。在某个夏天，她回到镇上，遇见了她的叔叔亚当。亚当向哈蒂叙说了许多关于"解开宇宙角落谜题"的故事。非常神奇的是，哈蒂由此获得了勇气。故事序幕从她开始谈论那个过去的夏天拉开。哈蒂与家人、朋友，尤其是叔叔亚当共度了许多时光，亲身经历了许多悲欢离合，同时通过观察自己而感受到人生的乐趣。怎么"解开宇宙角落谜题"？读完这本书，你自然会明白解谜的方法。这一定是任何人都能施展的魔法般的技能。

　　《甜蜜生活》和《宇宙的一隅》，令人神清气爽，并且充满了夏季特有的清香味。

自由的化身

《希腊人左巴》尼可斯·卡赞扎基斯 著

有一位重要的朋友拜托我帮他找一本书。

身为一名书店老板,当接到找书的委托时,我会格外欣喜并施展独特的技能。比起拜托他人搜寻书,亲自寻找一本书才能享受到这份乐趣。与一本书相遇,会给我带来深深的喜悦。正因如此,我总是受人所托去寻找需要花费很大工夫却也不一定能找到的书。

当我问朋友想要找哪本书时,那位朋友屏住呼吸答道:"我想找的书是《希腊人左巴》,找了好多书店也找不到……"于是,我回问道:"那是电影《希腊人左巴》的原作小说吗?"他回答:"是的,我要找的正是原作的日文译本。"话音刚落地,他发出了微弱的叹息。

作为一名书店老板,无法爽快地回答"你要找的书我这里就有",真是好难过啊。

《希腊人左巴》吗?我听说过这部电影,但从未看到过原作的日文译本。

"我了解了。我会尽力帮你找的,请给我一些时间……"

"嗯。麻烦您了。"

那位朋友非常有礼貌地鞠了一躬,随后离开了。那是在一个仿佛要将人冻成冰块的寒冷夜晚发生的事情。

我马上开始四处寻找存有这类书的旧书店,但终究没有找到这本书。但是,通过这些行动,我对这本书有了一些了解。日文译本的初版于1967年发行,电影在1964年上映,所以初版发行于电影上映的三年后。希腊语原作的初版发行于1946年,作者是尼可斯·卡赞扎基斯,出生于被视为与神秘的亚特兰蒂斯大陆同等神秘的希腊克里特岛。而希腊克里特岛也是《希腊人左巴》故事发生的舞台。

自那以来,我踏破铁鞋,到处寻找旧书店,但依然没有找到这本书。我打算以书本的装帧为线索进一步搜寻，于是便来到广尾的都立中央图书馆，借出了《希腊人左巴》的日文译本。当我拿到这本书时，激动得无法形容。书的封面沿用了主角左巴在候船室遇见作家那个场景的照片。此时，我发誓一定要找到和这本书相同的书，继而重新出发搜寻此书。

从那天开始，又过了4个月。某天，我突然在一所位于东京郊外的旧书店中找到了《希腊人左巴》。当时我开心得难以言喻，甚至想站在大街中央大声呼喊"我找到啦"！

从旧书店买到这本书时，我甚至想立刻将它送到那位友人的手中。但是，几个月以来，我一直思恋着它，于是决定以学习新知识为目的先翻开书本读一读。我相信那位友人一定会原谅此举。《希腊人左巴》围绕为了重新经营从父亲手中继承的遗产而来到希腊克里特岛的英国作家与一位名叫左巴的奇怪但极其温柔的男人展开，讲述了他们的友情和旅途趣事。

当两个主角相遇时，左巴对作家说："希望你能记住，我是一个男人。"听到此言，作家不明所以道："男人？你想表达什么意思？"对此，左巴答道："男人就意味着自由！"然后点了两杯朗姆酒。我特别喜欢这个情景，因此反复读了很多遍，甚至渴望经历左巴所经历的一切。《希腊人左巴》对我来说是一本重要的书。

今天，我将带上这本书去拜访那位友人。初夏的阳光真刺眼。

像朋友一样的文学

《文学的语言》木内升 著

《麦田里的守望者》J.D.塞林格 著

当阅读自然地融入自己的生活时，我会感到些微的平静和幸福。感觉像是掌握了书的世界。读书是一种将自己选择的文章分解成许多部分来细细品味的行为。并且，我们可以在观察自己会对这本书的内容做出何种反应的同时，凝视自己如何与这本书建立起全新的关系。你会在前方看见什么，感受到什么。阅读拥有的无限魅力就藏在书中。

读过《文学的语言》后，我深信阅读的乐趣就在于此。这是一本散文集，记录了身兼编辑和作家两职的木内升老师重新阅读儿时喜爱的现代文学，并思考那些文章和语言在他心中的模样。

正如我们拥有像朋友一样的音乐般，我们也会拥有像朋友一样的文学作品。木内老师将这些理所应当存在于身边的事物逐一放在砧板上，像烹饪佳肴一样制作了这样一本趣味十足的书。绝对不是所谓的文学评论，而是木内式阅读感想——将每一本书当作自己的朋友并向读者介绍"我的朋友是这样的人"。我渴望遇见更多这样的好书。

我读了村上春树老师的译著《麦田里的守望者》。说实话，这部译著我不怎么读得下去。我在十几岁时读过野崎孝老师翻译的《麦田里的守望者》，至今仍记忆犹新，所以我没有勇气去更新那些陪伴我多年的印象。第一次阅读《麦田里的守望者》时，我产生了怎样的感觉呢？这本新译著的标题和过去的标题不同（村上春树版日文标题用的日文片假名，野崎孝版用的汉字加平假名），仿佛内容也完全不一样。这本译著一定会成为新读者永远的朋友吧。我真心羡慕初次阅读这本书的人。我决定再读一遍，希望能够结交新朋友。

如同偷吃禁果

《在美国钓鳟鱼》理查德·布劳提根 著

任何人都有不为人知的秘密。

如果有人问我"请告诉我,你最为珍视的一本书",我的回答是,"《高村光太郎诗集》、亨利·米勒的《北回归线》,以及杰克·凯鲁亚克的《在路上》。"

从少年时代至今,每当阅读这三本书,它们都会给我带来全新的刺激和影响。如果有人问我"你从孩童成长为成年人期间吃了哪些食粮",我也完全可以用这三本书作为回答,绝对真实可信。但是,在成长的过程中,还有一些无法放在人前谈论的、在背地里偷偷品尝的美味。而我最爱的食粮一直以来都被我藏于心中。即使被告诫不能吃那些东西,即使我自身也发现了禁忌的味道,我还是偷偷地吃了。如同偷吃禁果一样的书,正是理查德·布劳提根的《在美国钓鳟鱼》。

20岁时,我在新宿的纪伊国屋书店的外文书展柜中买到了凯鲁亚克的《在路上》的原版书。原本想不翻词典直接读完整本书,但才读了几页就放弃了。故事本身虽然非常有趣,但不足以激发我的内心对于书的爆发性的渴望。我一口气读完了《在美国钓鳟鱼》的原版书。布劳提根的文章就像冷水"咕噜咕噜"地流进干涸的喉咙一样,渗入我的全身。《在美国钓鳟鱼》是我有生以来第一次从头到尾读完的一本英语原著。那么,《在路上》和《在美国钓鳟鱼》有怎样的区别呢?举例来说,就是电影《寅次郎的故事》和《青涩的体验》的区别。换言之,可以说是在蓝天下流浪的青春故事与酸甜的官能故事之间的区别。只要想想少年会对哪种故事更感兴趣,就能理解我的感受了。如果被人问到"你是怎样学会英语的",我无法昂首挺胸回答"我是通过阅读一本官能小说学会的"。尽管如此,这是事实也是真相。

布劳提根的《在美国钓鳟鱼》既像一部小说,也像一篇散文,甚至像诗歌一般的散文。也可以称之为谐趣诗,书中描绘了许多独特、悲伤而浪漫、充满情欲的小故事。作者描绘的生活并不仅仅是表现自由,还描绘人们浮在虚空之中的样子,刻画了心理状况不稳定、肆意快活少年的疯狂与美好,展现了在非常短暂的日子发生的甜蜜故事。我很难说明《在美国钓鳟鱼》的魅力。若是说起第一次和最爱的女人亲热以后并将整张脸埋进她的秀发之中闻到的香味,各位能明白吗?

此外,有趣的是,布劳提根大部分作品的封面都是正在交往的恋人或妻子的照片。封面的女性从来都不是模特,完全是普通人。《在美国钓鳟鱼》一书,封面上坐在他身边的是恋人,照片背景是北海滩华盛顿广场公园里的一片草坪。

《在美国钓鳟鱼》凭借其文学价值,在全世界享有很高的声誉,这个事实毋庸置疑。而对我来说,《在美国钓鳟鱼》是将少年时代的我培育成大人的官能文学。在此,我承认我是纯粹的布劳提根主义倡导者。

第四章

·

关于爱

我渴望随时都能站在新的"起点"

致想要创造浪漫生活的人

《决定要创造浪漫生活的原因》WINDCHIME
　　BOOKS 编
《口哨三明治》松浦弥太郎 著

到了思念人的季节了。总觉得指尖有些寂寞，想要得到一丝温暖，想向某个人提出任性的要求，欲望因此不断膨胀。就这样，我陷入了迷惘，转而开始思考自身。此刻，我有怎样的感觉呢？在日常生活中，都在思考什么呢……通过结识一本书，我开始思考自身的想法。

《决定要创造浪漫生活的原因》封面用白色花朵的照片装帧，是居住在叶山的艺术家永井宏主办的小型出版社"WINDCHIME BOOKS"（风铃图书）出版的第二部作品。永井宏在叶山近海处经营一家画廊，他将那里的人们在各自的生活中发现的事物、看见的事物、当下的生活、重视的人和物，以及生活中的点点滴滴用直白的语言编成一册图书。参与创作的人包括但不限于厨师、艺术家、咖啡馆老板、编辑等。

"为什么大家都决定要创造浪漫的生活呢？"

"为什么我在读过这本书之后，也想要创造浪漫生活呢？"

秋日渐深，在柔和的阳光下，我想带着这些疑问反复阅读这本书。

到目前为止，我还没有写过自己的书，因此在此略谈一二（写作本书时，松浦弥太郎还未有写书经历）。本次，我创作的一本名为"口哨三明治"的书已经出版。这本书汇总了我平时撰写的文章以及过去在各类书刊上发表的文章。另外还收录了几篇我发表在《装苑》（日本时尚杂志）中的比较中意的文章。装帧设计由立花文穗老师负责。我想要创造浪漫生活的原因就写在这本书中。

妙趣横生的日记

《植草甚一：拼贴绘画日记（1、2）》
植草甚一 著，濑户俊一 编
《迷糊小镇》岛尾真帆 著

快要过年了。今年的时间也在弹指一挥间消失殆尽，留下许多喜怒哀乐。在一切过去之后，许多风景浮现在我的眼前。回顾这一整年，翻出许多回忆，无须向任何人倾诉，我想对自己说一声谢谢。在这一年期间发生了很多事情，我想感谢努力度过这一年的自己。

曾有一位名叫植草甚一的作家用那优美的文笔将许多回忆写成随笔，留下了许多作品。譬如，他将观看爵士舞表演和电影、阅读推理小说和外国文学、旅行、散步、购物等一切与我们息息相关的日常小事打造成小小的艺术品。总之，植草先生就像一位老师，不断地向我们传授关于"新"文化的杂学。《植草甚一：拼贴绘画日记（1、2）》是一本用钢笔写成的日记，也是日本教材"植草甚一：剪贴簿"系列丛书的其中一本。书中满载植草老师在20世纪70年代风雅而朴实的生活。他自由地写文章，随心所欲地在城市中漫步，到咖啡馆里喝咖啡，到处搜购二手书和唱片。我认为，我们可以从植草先生那种随意的生活方式之中获得名为"自由"的希望，并且找到我们一直在追寻的目标。

提到日记，就不得不推荐岛尾真帆的《迷糊小镇》。我非常喜欢岛尾老师像日记又像随笔一般的自言自语文体，还有那多愁善感的文风。日记并不是写给别人看的，但对于读者而言，阅读别人的日记无疑能够体会到其中的趣味。岛尾老师的日记中藏有许多秘密，我总是怀着偷看别人秘密的心情，迅速低下头悄悄地读这些秘密，这是我的一项乐趣。说得直接一点，这是一本能够让人捧腹大笑的书，内容精彩得令我赞不绝口。能创作出如此精彩的作品，岛尾老师本人该有多出色呢？

某天早晨的所思所想

《茶色的早晨》巴甫洛夫 著，文森特·加洛 绘
《香月泰男的绘画信》小池邦夫 编

在一个比往常醒得早的早晨，我静静地翻开了《茶色的早晨》，书中文字使我内心涌现出一种情绪，身体沐浴在温暖耀眼的阳光之下，竟没来由地感到恐惧和不安。书中内容使我感觉这根本不是童话而是真实发生的事情，仿佛在某个地方发生过，或者正在发生的事情。我的内心充满了这种恐惧不安的情绪，忍不住想要做点事来平复心情。

故事从两个男人在咖啡馆聊天中拉开帷幕。他们在谈论要杀掉非茶色毛发的狗。因为政府宣布了一项新政策，必须杀掉所有非茶色毛发的动物。随着时间流逝，两人照常在咖啡馆里喝咖啡。主角开

始养茶色毛发的猫，而他的朋友开始养茶色毛发的狗。然而，他的朋友由于曾经养过非茶色毛发的狗而在某个早上遭到了逮捕。反对政府的报纸和杂志纷纷被取缔，与此相关的人也陆续遭到逮捕。一天早晨，有人敲开了主角的家门……

何谓人类的自由？何谓种族主义、极权主义？这些问题在日本也存在，是非常严重的问题。然而，人们不会主动触及这些问题。因为不去触及，所以能够安心度过每一天。然而，权力的镇压近在咫尺。如果你不明白，不妨读一读《茶色的早晨》，自行思考。并且请思考现在我们应该怎样做，而不是轻轻地被社会牵着鼻子走，鼓起勇气说出自己的意见并自由地行动。希望在我们所处的世界里，茶色的早晨永远不会来临。

《香月泰男的绘画信》是一本收集了油画家香月泰男先生在应征入伍的时期，给家人和朋友寄出的带有手绘图的信以及新年贺卡，实属佳作。"太阳无论在何时总是那么美丽。"这是香月先生在绘画信中写下的一个短句。对家人和朋友的思念，对生存的思考，绝对不能忘记的重要的事情……万千思绪一字一句地通过这本书传达给每一位读者。

两册书赠予永远的少女

《摄影诗人的喃喃细语》沼田元气 著,铃木大和 绘

《森茉莉:奢侈而贫穷的生活》神野薰 著

温柔的春风轻拂大地,告诉我季节已经更替。在新的季节,只要躲进阳光里,寒冷便会消失无踪。在今天这样温暖的日子里,眯着眼睛仰头面对炫目的阳光,你会想到什么呢,会说出怎样的话语呢?

沼田元气先生的《摄影诗人的喃喃细语》是为从小到大一直在做梦的少女创作的作品。每个人或多或少曾经想过拥有很多很多想要的东西。那一定是无法用言语描述的,对于自己而言是宝物一般的小小的梦想。当我读到沼田先生多愁善感的诗、看到铃木大和先生可爱的插画时,曾经

的梦想接二连三地浮现在心中，使我感到非常幸福。此时，我的所思所想皆为自由。思考我的梦想，悄悄地说出我的梦想，永远不要忘记梦想。如此一来，任何人都能实现那份梦想。这是沼田先生想对读者说的话。

《森茉莉：奢侈而贫穷的生活》一书描写了作家森茉莉日常生活的点点滴滴，并且精心收集了森茉莉为多年以来品尝过的各种菜肴撰写的专栏文章。在父亲的溺爱中长大成人的森茉莉是一个喜欢美丽的事物和美味佳肴的少女。她对时尚和菜肴特别讲究。她喜欢用麻布制作的一切物品，例如衬衫、内衣、和服和西服等。而对于菜肴的讲究也有不寻常的一面。她在50多岁的时候初次踏上社会，进入《生活手帖》编辑部工作。当时，主编花森安治仅仅让她制作一个非常独特且充满个性的专栏——"我的菜单"。森茉莉秉持着一个信念：奢侈并不意味着要拥有昂贵的商品，而是要具有奢侈的精神。专栏中还有森茉莉深爱的下北泽（简称"下北"，位于日本东京世田谷区，小剧场与古着店林立）和购物笔记。专栏中的每一个字，都是深怀梦想的成年人的喃喃自语。

在这个时代复兴的俄罗斯梦幻绘本

说到20世纪初期的俄罗斯艺术,就不得不提率领俄罗斯芭蕾舞团的希望革新俄罗斯艺术的谢尔盖·佳吉列夫等"艺术世界"的成员。"艺术世界"聚集了许多才华横溢的年轻艺术家。其中诞生了惊为天人的绘本作家伊凡·比利本。这位作家可是开创俄罗斯绘本历史的象征。他创作了许多具有魔法与冒险色彩的俄罗斯民间故事。搭配生动的描述、精美的装帧以及先进的印刷技术,绝不逊色于同一时期的英法绘本。后来,他的作品拉开了俄罗斯绘本开创崭新历史的帷幕。

20世纪20年代初期,俄罗斯掀起了绘本革命。两位同名为弗拉基米尔的画家——列别杰夫与科纳什维奇,带头发动了革命。他们彻底动摇了绘本存在的意义。他们不是根据民间传说,而是从全新社会的现实来创作童话，教授担负起下一代国家重任的孩子们正确的知识，并为他们提供对于未来的展望。并且，马尔沙克和楚科夫斯基两位诗人为他们的画注入了生命。他们在继承俄罗斯丰富的传统文化的同时，用轻快的语言爽快地讴歌新时代的到来。

绘本革命始于"书不是用来听的，而是从眼睛进入内心"的宣言。"生活绘本"教会孩子们社交与生活的规则。"工艺绘本"使人们注意到周围环境中的素材，引导人们发现手工制作的趣味。"劳动绘本"则是描绘了劳动人民坚信国家提出的理念而努力工作的故事。"世界绘本"告诉我们全世界各国人民都是兄弟。此外，还有描绘生态环境的"动物绘本"，以及讲述意识形态斗争和战争黑暗面的"未来绘本"，等等。创作这些绘本是一项在俄罗斯从未有过的创新活动。

俄罗斯绘本就是如此神秘。当时，有一群日本人收集了许多俄罗斯绘本，但很长一段时间内并不为人所知。后来，人们从前卫画家吉原治良、柳濑正梦以及设计师原弘等人的遗物中发现了编辑成册的俄罗斯绘本。这些在日本被发现的奇迹般的收藏品令人非常惊喜。

《火灾》马尔沙克 著，科纳什维奇 绘

妈妈外出购物时，蕾娜在炉子里玩火。不一会儿，火势蔓延至其他地方，事态变得非常严重。消防队赶赴现场，拼命救火。有许多这类让人捏一把冷汗的故事在当年传入日本，并掀起了话题。

《邮递员》马尔沙克 著，采哈诺夫斯基 绘

这部作品描述了一封信跟随马不停蹄地周游世界的绅士吉特科夫走遍世界的故事。邮递员为了将一封重要的信件送到吉特科夫手中而不停地赶路。诗人马尔沙克用充满节奏感的文笔带着深切的感动之情，讴歌邮递员默默无闻努力工作的样子。

《纸和剪刀》列夫·尤金、维拉·埃莫拉耶娃 著绘

这是俄罗斯二十世纪二三十年代流行的"工艺绘本"杰作。将最后一页的"剪纸模型"折成两半，粘贴到另一张纸上。然后，切成相同的形状，则能制作例如滑雪者或马蹄铁等立体玩具。

《特殊的服装》鲍里斯·埃尔莫连科 著绘

十月革命后，随着苏联建立现代化国家运动的持续推行，出现了一些新的职业。为此需要为从事这些全新职业的人制作"特殊的服装"即"符合

各自职业用途和功能的工作服"。本书介绍了潜水员、飞行员、厨师,以及幼师等职业的服装。

《岛上的小胡子》马尔沙克 著,科纳什维奇 绘

这本书描绘了4岁的女孩与她的宠物猫欢乐的生活片段,全书仿佛飘荡着令人舒适的春风。小女孩教小猫咪说话、带着小猫咪出去散步的场面,充满了幽默和爱。

《可怜的费朵拉》科尔涅伊 著,特瓦尔多夫斯基 绘

"桶或扫帚冲到你的面前,盘子和小碗在空中飞舞。"一个完全预测不到情节发展的开头使我想到了英国的《鹅妈妈》。实际上,这是一个描绘了被坏脾气且暴力的费朵拉婆婆虐待到无法忍受的工具们一齐飞出了家的故事。

《愚蠢的小老鼠》马尔沙克 著,列别杰夫 绘

到了三更半夜也不睡觉的小老鼠让老鼠妈妈头疼极了,于是拜托动物邻居们帮忙看孩子。鹅、青蛙、猪、马等动物各自为小老鼠唱自己最喜欢的摇篮曲,但没有一个动物能成功哄小老鼠入睡。老鼠妈妈不知如何是好,于是叫猫来帮忙。

《行李》马尔沙克 著,列别杰夫 绘

一位装腔作势的女士到达车站。她的身边除

了旅行袋，还摆放着沙发、帽子盒，以及一只小狗。当她将所有行李寄存到车上，乘坐列车到达目的地之后，去取行李时却发现小狗被换成了大狗。这可糟透了！

《玩具》A.奥斯塔菲耶娃 著，丽佳·波波娃 绘

木制玩具在俄罗斯非常受欢迎，俄罗斯人手工制作了许多种类的玩具。这本书收集了以俄罗斯套娃为首的无人不知、无人不晓的玩具并进行了详细介绍。虽然这部绘本完全是在介绍古代的民间工艺品，但内页色彩鲜艳，玩具形状也保存得很好，品质优秀得惊人。

《马戏团》马尔沙克 著，列别杰夫 绘

这是二十世纪二三十年代开创俄罗斯绘本黄金时代的著名组合创作的最佳作品之一。他们在这部作品中介绍了许多马戏团杂技，例如少女走钢丝、大象杂技等。列别杰夫用简单的画面巧妙地表现对象的特征，一眼就能俘获观众的心。马尔沙克简短而有力的诗为我们展现了一个真实的马戏团，仿佛置身于马戏团的大帐篷之中，享受那精彩而迷人的表演。

两本非常自由的书

《我是猫咪跟踪狂》浅生HARUMIN 著

《小王子》安托万·德·圣·埃克苏佩里 著

我家里有两只猫,它们从出生的那一刻开始便一次也没有出过家门。即使我打开窗户,问它"要不要出去溜一会儿呀",它们也完全不愿意出去。作为猫的主人,我倒是乐得轻松,不用担心我家的宝贝外出被汽车碾压,被乌鸦追,被野猫欺负。但是我还是想带它们就近走走,我会一直尝试的。如果我像猫那样身轻如燕、小巧敏捷,就能去任何地方随心所欲地散步了。我家的猫总是一天到晚待在家里最喜欢的地方。我想知道这样的生活是否真的幸福。

我发现了一部名为"我是猫咪跟踪狂"的散文集。浅生HARUMIN老师的本职是插画家,读过这本书后,我发现她还有个副业,那就是猫咪跟踪狂。这本书的封套上面写有"你所不知道的猫咪世界",完全符合我的胃口,令我欢欣雀跃。书中有句话极有深意:"猫咪拥有主人所不知道的空白时间。"浅生为了跟踪猫而前往号称猫比人多的马耳他岛,展开了一场惊险刺激的跟踪活动。当我想到今天浅生或许也在跟踪猫咪,就想尝试亲自做一回猫咪跟踪狂。因此,今天我也在邀请我家的猫和我一起出去散步。

进入公版书领域后,《小王子》便"重获自由"了。据说许多作家都在着手进行新的翻译。这次我选择了池泽夏树老师的新译本。我打算下次阅读仓桥由美子老师的译本。

我渴望随时都能站在新的起点

《安迪·沃霍尔：50年代插画集》伊凡·瓦塔涅尔、GOLIGA BOOKS 编
《大瑟尔的夏天：最后的路上》杰克·凯鲁亚克 著

大家觉得喜欢上某一个人或某一事物的起点会令人苦闷吗？那份苦闷的情绪蕴含着神秘而不可估量的力量。起点意味着恋爱。在寒冷的天空下，我将脸埋进围巾里面，萌生了这样的想法。

《安迪·沃霍尔：50年代插画集》将著名流行艺术家安迪·沃霍尔在未成名期间作为插画家创作的插画集成一册。他曾将商业广告内含的信息表现为全新的艺术，并在美术行业取得了成功。但对他而言，在默默无闻的阶段绘制的作品

才是一切的起点。他曾经是一个羞涩而胆怯的人。在无名时期,他充满了强烈的创作欲望,恨不得把所有感兴趣的题材都画一遍。正可谓"与画笔恋爱"。当你翻开这本书,你一定会深切地感受到那天真烂漫与刚刚萌芽的革新,并且会忆起自己内心某种"起点"带来的苦闷情绪吧。当在绘制封面上的"装饰在篮子上的玫瑰"时,他已宣告插画家时代的落幕,并开始投入对一个崭新世界的新恋情之中。

杰克·凯鲁亚克于1961年创作的《大瑟尔的夏天:最后的路上》,被称为《在路上》的结局。他写道,尽管这部作品是"最后的路上",但他在人生路上写下的这部作品,不过是自己人生篇章中的一个章节罢了。对他而言,人生没有终点,一切都是起点。此时,他已经远离旅居生活,静悄悄地继续着隐居的生活,为了从美国西海岸的大瑟尔寻找新的起点而踏上新的旅程。这个故事讲述的便是起点意味着恋爱。各位读者正在与怎样的对象进行一场恋爱呢?

第五章

·

关于季节

像散步一样静静地阅读

花儿永远在心中开放

《花之书》川岛洋子 著

《白头翁的梦》滨田广介 著,纲中伊鹤 绘

　　川岛洋子老师的《花之书》,教会了我俭朴生活的重要性。川岛老师描述的俭朴,意味着轻松、安逸、有条不紊,并能够充分表达对生活的热爱。我相信那绝非禁欲,而是极其自由且阳光明媚的生活。我认为的幸福,便是能够在日常生活中分享或是创造一些东西。例如通过踏出与小植物接触的一步,就能在不知不觉间感受到温柔。川岛老师曾说过,植物的培育方式和社交相似。无论是植物还是人类,只要是内心真实的想法和精心准备的计划,就一定能传达给对方。通过交流即可和对方在一起。"为了与那些重要的事情,每天看到的可爱的事物……更友好地生活

下去，我一边想象植物的情绪一边学习……这本书便是这些事情的集合。"川岛老师用真诚的文笔写下了花花草草们最喜欢的阳光、土壤、水的故事，构成了《花之书》这本好书。

滨田广介被誉为"日本的安徒生"，他的名作《白头翁的梦》被编为绘本获得重生。

白头翁父子住在田野里的板栗树的树洞里。到了冬天，白头翁儿子发现妈妈不见了，于是问爸爸："妈妈去哪儿了？"爸爸回答："妈妈去了遥远的国度。"一天晚上，洞穴的入口处传来窸窸窣窣的声音。白头翁儿子以为妈妈回来了，跑出去一瞧，结果是一片挂在枝头上的枯叶随风飘荡。

现在，我们被一群粗暴而可怕的事物所包围，可以说要在这个时代生存下去就必须拥有强大的实力。正因为我了解这个时代的样貌，才能理解广介老师在童话中描绘的世界。再读广介童话，我希望大家能够通过这本童话明白在人生路上勿要回头的道理。

我想在春意正浓时读这两本书

《我的女儿》永井宏 著
《你自己的社会：瑞典初中教材》阿恩·林德奎斯特、扬·韦斯特 著

或许可以用一句话来形容冬季：时而特别热，时而特别冷；有时候特别开心，有时候却特别哀伤。"日本的四季或许已经失去了四个季节应有的味道。"我在旅途中遇到的爱尔兰姑娘留下这句话便从我的眼前消失了。"那么，今年的春天又如何呢？"今天，我仰望着乌云密布的天空，喃喃自语道。

居住在叶山町的永井宏老师偶尔出去旅行，读读文章和诗歌，弹弹吉他唱唱歌，和一群人一起创作。他会记录每时每刻真实发生的事情，或是认真地谈论远方某处风景。作为美术家兼作

家，他是一位不仅会说出自己的计划，并且会亲自行动给大家看的值得信赖的成年人。

《我的女儿》是永井宏的最新作品集。这本书的一半由散文构成，是作者从一年四季的生活之中获取灵感写成的。另一半则收录了如童话般神秘的故事。

读完这本书，我了解到任何人都有属于自己的季节与生活，而不同的季节和生活之中都会存在着真实的情绪和情感。作者不是将内心的真实感情直接扔到纸上，而是认真地看待这些情绪，换一种形式表达，从而铸成了通往崭新未来的路标。这些情绪丰富了日常生活，增添了趣味。这本书教会了我一个道理：我们应该按照自己的想法去度过每一天。

《你自己的社会：瑞典初中教材》是朋友向我推荐的一本书。朋友读完这本书后，对我说："我也想和书里面的孩子一样接受这样的教育长大啊。"每个人都应该对社会持有自己的看法，这是为人处世应该掌握的重要技能。虽然日本并没能在教育方面实现这个目标，但是瑞典已经实现了向孩子们教授"现实"的目标。

畅想流浪

《放浪记》林芙美子 著，森真由美 解说
《保罗·克利诗集》保罗·克利 著

明天又是新的一天。这句话看上去有点自暴自弃，但我非常喜欢。与其胡思乱想未来将会发生什么，不如充实地过好今天。尽管这个世界荆棘遍地，我也不能忘记温柔待人，要开朗而圆滑地生活下去。每当我想到这些，就会开始读林芙美子的《放浪记》，不知道读了多少遍。这部作品中的每一句话和诗，我都铭刻在心。无论发生任何事情，我都会开导自己，一定要保持单纯的心态活下去。人活着不是一件美妙的事情。但是，我们绝不能丧失用心感受肉眼不可见的美丽内心。任何人都有过流浪的经历。我想说的流浪并不是到处闲晃，而是寻找自己应处的位置，思考自己应该做的事情。我想每个人都会有努力却无法获得成果的时候。即便如此，我们也不能输给不顺畅的生活。这本书总是教会我不要放弃这个无趣的世界。

《放浪记》用日记体描写了一位年轻姑娘过着饥寒交迫的日子，通过在咖啡馆当服务员等工作一边维持生计一边肆意生活的故事。MISUZU书房发行的版本并不是作者经过多次修改后的现代版，而是将在昭和五年首次出版的"改造社版"佐以作家森真由美老师的解说编辑而成。请各位不要错过最真实版本的原著。总之，这是一部描述了糟糕透顶却又美妙至极的生活的作品。

我还有一本非常钟爱的书。它是从十几岁开始持续创作诗歌的画家保罗·克利的《保罗·克利诗集》。克利曾是有望成为音乐家的天才，也曾是一名诗人、一名绘画班学生。从他串联起来的语句之中，时而能体会到愤怒、悲伤、喜悦，以及一名画家的沉默。读得越多越是令人无法抑制哭泣。"这个世界抓不到我。因为我同死者和尚未出生的生命愉快地生活在一起……"克利总是到处流浪。《保罗·克利诗集》中，藏着他流浪的时间与行动的根源。

我想在夏天阅读、聆听的文字

《天空色的窗》佐佐木美穗 著
《家族的肖像》谷川俊太郎、谷川贤作 编著

无论要动笔写一篇怎样的文章，都是从白纸上拉开序幕。读到佐佐木美穗老师的处女作随笔集《天空色的窗》时，我体会到了这种感受。

佐佐木老师用纯白色的画纸，将日常生活中产生的细小想法和完成的小事画在纸上，描出形状，涂上颜色，描绘出一篇篇文章。那里有一年四季从屋子里眺望窗外风景时心中浮现的颜色，有她喜爱的厨房的颜色，有在某时某刻留下回忆的颜色，还有自己最喜欢的颜色，等等。佐佐木老师通过这本书向我们讲述了一个事实：那些美丽而可爱的色彩，一直存在于我们身边，并照亮着我们的生活。

在这本书中，还包含了身兼插画家一职的佐佐木老师绘制的插画以及拼贴作品。这些美术作品也令我非常兴奋，仿佛在读一篇篇小故事。我相信看过佐佐木老师插画的读者一定有相同的感受吧。即便是画一只可爱的杯子，佐佐木老师也不会特意强调杯子是多么的可爱，而是尽量用最简单的线条画出自己对杯子的感情。

在一个阳光明媚的夏日午后，我打开房间的窗户，呆呆地聆听了一本书的内容。忽而不自觉地流下泪水，忽而又发自内心地露出微笑。那一天，我遇到了由谷川俊太郎老师朗读、谷川贤作老师配乐合作的《家族的肖像》。

这本CD书收录了谷川俊太郎老师之前以家庭为主题写的20首诗与全新创作的两首诗。附录的CD还收录了其代表作《早晨的接力跑》现场朗诵版本。

这两本书充满了温柔和温暖的感情。在这个夏天，我强烈推荐这两部作品。

像散步一样安静地阅读

《素白先生的散步》岩本素白 著，池内纪 编

《美国荣耀》哈维·佩卡 著

我们有很多种方式享受夏日的乐趣，例如爬山，看海，计划去陌生的街道冒险，独自静静地思考一些事情，或是与重要的人共度时光。但是，近几年的夏天，除了天气特别炎热之外毫无特点，点缀夏日的色彩也被削弱了。只能听见微弱的蝉声，总觉得安静得有些寂寞。

在夏天的黄昏时分，微风轻拂，放空大脑出去散步，就会忆起许多事情。某个人的事情，未来的事情，快乐的事情，痛苦的事情，今天发生的事情，明天要做的事情。抬头仰望星空，我看见了一颗闪闪发光的小星星。啊，我还想继续走一段路。

《素白先生的散步》的作者素白先生远离了记者的生活，行踪神秘，只有为数不多的人知道他的行踪。他是一位被称为"散步大师"的作家，他写的随笔可谓天下第一。他那干净而优美的文字值得流传于后世，但他生前的作品仅仅留下了三部。目前，我们能够轻松阅读的作品，或许唯有《素白先生的散步》了。

阅读素白先生的文章时，类似于思考"这里蕴含着怎样的知识，那个东西从何而来，应该怎样做某件事"等令人厌烦的情绪会消失得无影无踪，我仿佛在呼吸着新鲜的空气悠闲地散步。在我看来，这本书的目的在于不动声色地向读者讲述简单而纯粹的生活方式。

《美国荣耀》是20世纪80年代初在美国获得较高声誉的另类漫画。说到漫画，就不得不提到哈维·佩卡创作的哲学风格散文搭配罗伯特·丹尼斯·哥伦布的绘画而编成的传奇作品。能够用日语品读这部漫画，实在令我喜出望外。

在秋老虎依然猛烈的日子里，不妨读一读这两本书，清醒你的大脑。

手掌中的幸福

《随笔：最后的情书》出久根达郎 著
《安徒生：三个爱情故事》安徒生 原著，石津千寻 改编，纲中伊鹤等 绘

天空和街道的风景完全染上了秋天的颜色。我想许多人都会为了缓解夏季积累的疲累而稍做休息吧。在这个季节里，无论是出去旅行、在家休息，抑或是读书，人们都会感到幸福。

《随笔：最后的情书》装在一个手掌大小的盒子里，书名旁边有一对可爱的猫头鹰，封面图由福井三知老师绘制。从盒子中取书，书一下子就取出来了，让我不禁莞尔一笑，工匠手工制作的盒子特有的光滑度可见一斑。乳白色的封面上有一个朱红色的方框，活版标题刚好能收入其中。书不重不轻，材质非常好，我忍不住用手指

触摸每一处。在发现三月书房的小开本之前,我从未在阅读一本书之前饶有兴趣地观察装帧。我收藏有《变奏曲》,即使与最新的《随笔:最后的情书》相比,这本书的尺寸大小、手感、精致的装订、制作者传达的爱都不会因为时间流逝而发生任何改变。

出久根达郎先生的随笔也非常出色。他从不吹嘘自己博学多才,且拥有高尚的品格,写得一手易读的文章。从他的作品中可以感受到他温柔的性格。其中有篇散文的标题叫作"狗的语言"。故事内容是他每天早晨带着爱犬出去散步,爱犬会和在路上遇见的朋友打招呼。随笔的内容都是源于生活中真实的片段。因此,读起来总是仿佛能看见故事里的情景,让人能够发自内心地感受到愉悦。

《安徒生:三个爱情故事》是由石津千寻老师撰写故事、三位插画家作画而制作的三篇安徒生童话。我将它放在枕边,每天晚上看一看故事和图画。推荐大家在秋天看看这本书。

温暖那份秋日的寂寥

《去见那棵树》细川刚 著

《礼物》古川日出男 著

任何人都会有寂寞得无所适从的时候。偏偏在这种时候总是有大把大把的时间可供消遣。越是想要与某个人见面,那个人在自己心中的分量就会变得越重。与此同时,彼此之间的距离会变得更遥远。一个人拥有的时间越多,就越容易一直独处下去。这是我在读完散文《去见那棵树》之后突然产生的想法。说起来,我也有一棵想去见一见的"树"。当我的脑海浮现出那个人时,就连那个地方的风和空气以及声音都令我感到无比怀念,不可思议地使我预感到宁静祥和。

作者细川刚先生定居在青森县,与八甲田森林深处的一棵山毛榉树相处并互动了17个月。细川先生进入森林，知晓季节变换的感觉，仔细观察森林中的生物，体会在森林中居住的感觉。在这期间，他常常问自己："人生最重要的事情是什么？"然后，他给出了答案："人生中最重要的事情就是联系……我在森林中与许多生物建立并加深了彼此之间的联系。彼此之间的联系越深，我的内心就会发生越大的变化……"如何在我们的日常生活中与各种各样的自然或是时间建立起联系呢？从某种意义上讲，这或许意味着一种全新的精神特性。由此自身会得到扩展，或许能够温柔地掩盖名为孤寂的巨大幻想。

古川日出男老师的短篇集《礼物》，实在惊人。我没想到日本竟然会有能写出这等作品的作家。这本书的读后感与我初次阅读布劳提根的《在美国钓鳟鱼》时的感受简直一模一样。追求浪漫的读者请务必读一读这部作品。当我试图了解古川老师创造的世界时，无论如何都会迅速被那不可思议的幻想世界俘获。古川作品最大的魅力在于，越是深入他的世界，就越是感觉仿佛被施了魔法似的难以自拔。在读书之秋，以这部作品为契机，我开始搜求这位作家的其他作品。

打包两本书度过寒冬

《海仙人》丝山秋子 著

《勺子和叉子》松长绘菜 著

在秋天即将离开的日子里,我读了丝山秋子的小说《海仙人》。故事从一个因某件事而搬到海边居住的男人与神相遇的情节拉开序幕。故事中的神并不是我们印象中的神。后来,男人与一个女人相恋,决定共度此生。面朝碧蓝色的美丽大海,在宁静的大自然之中,两颗心彼此相连。然而,在某一天,所有人都曾背负着的黑暗的一面开始悄悄地觉醒。故事中的人们为了克服这些黑暗,各自用不同的生活方式努力生存下去,同时接受名为"孤独"的另一种黑暗。这个故事在大声向读者宣扬一个道理:"孤独"并不是字面上的孤身一人,而是一种战斗行为。读完整本书后，我的内心确实在放声大哭。

丝山秋子老师的第一部长篇作品《海仙人》，曾经荣获川端康成文学奖。如果能更早遇到这本书该有多么幸福。

我在街上的书店里看到了日本饮食研究专家松长绘菜女士的《勺子和叉子》，它极其简单的装帧令我非常惊讶。最近，书店里到处都是教人如何精致地生活的图书，这本书由于装帧极为普通，反而引人注目。当我翻开书页，浏览了几页后，发现这是一本非常精彩且充实的书。这本书收录了73篇关于勺子和叉子的故事。松长老师用温柔的文笔为勺子和叉子提供了73种存在方式。于是，我转动大脑，思索该如何来阅读这本书。我想至少用一个季节的时间来慢慢地读完整本书，将它放在触手可及的地方。因为我知道这是松长老师长年累月孕育而成的书。

下面举例说明我的阅读方式。在无法入睡的冬夜里，我会读一节蔬菜炒茴香豆和豆子饭的故事，或者黄豆粉夹心曲奇饼的故事。

向天空打开书页

《狗和花》松林诚 著

《当夹竹桃盛开时》玉井惠美子 著

在一个温暖的冬日,我沐浴着温暖的阳光从外面散步回家,发现家门口的信箱里有一个小小的包裹。打开一看,我发现那是松林诚老师的版画集《狗和花》。我喜不自禁地翻开了书。

《狗和花》不是一本厚重的书,而是一本只有手掌大小,仅有18页的小册子。我将它放进包里,以便随时随地拿出来阅读。

我想在蓝天下坐下来,一边在大树下倾听风声,一边读这本书。不知道松林先生是否有同样的感受。

"不要将它收在家里,请自由地阅读。"

我听见这本书在对我说话。今天,我打算将

《狗和花》放进大衣的口袋里，带着它一起出门。然后，希望像星星一样的花儿，如人类一般的草，似太阳的狗，都在向着冬天的天空开放。

如果对别人说，我花了三个月才读完一本书，一定会遭到嘲笑吧。玉井惠美子老师的散文集《当夹竹桃盛开时》，是一本我在家会读、出远门会读、在工作场所会读、会带到各种地方的书。回想起来，我和这本书一同度过了一个夏天。

玉井老师非常重视"守护家人，也就是过好日子"的观念，每天都过得非常精致。她将对待生活的感情，看待与时间和人们相遇的方式化成一针一线，像织一件毛衣一样写完了这本书。

我也曾想过寻找类似的书，但发现在其他任何一本书中都找不到《当夹竹桃盛开时》书中那样的辞藻。能够得到这本书，实属万幸。

描绘肉眼看不见的生命

《杂草记》柳宗民 著，三品隆司 绘

《欧姬芙的家》迈伦·伍德 摄，克里斯蒂娜·泰勒·帕滕 解说

我有一个小小的梦想。平日里精心培育那些在花坛和田地里被当成麻烦的杂草，开一家陈列杂草的小店。春天，我会用蒲公英装饰店面；夏天，蓟会在微风中摇曳；秋天，紫色的龙胆会轻轻地唱起歌谣；现在或许比较适合摆放狗尾草。日本一年有四季，每个季节都会有各种各样的杂草努力促使美丽的花朵盛开。杂草野性的生命力和可爱的样子深深地吸引了我。开一家杂草店，而非随处可见的花店，您认为如何呢？

民间艺术运动的创始者柳宗悦先生的第三个儿子柳宗民，曾写过一本《杂草记》。这本书包

含了60篇讲述各类杂草的故事。每当我从这本书中了解一种园艺家柳先生所爱的杂草时，就感觉自己仿佛置身于翠绿纤细而脆弱的草的芳香之中。我特别想读这样一本书。既然春天有味美能食用的7种野菜，那么也必定会有属于秋天的7种野菜，还有能够成为优质药材的杂草。英语中表示杂草的词语是"wild flower"，真是一个动听的名字。

佐治亚·欧姬芙是一位代表20世纪美国艺术的女性，曾在墨西哥建了两栋房子以度晚年。《欧姬芙的家》是一本欧姬芙家的写真集，也是讨厌拍照的欧姬芙首次允许他人拍摄自家而得来的作品。她的家是多么整洁、宁静而美丽啊！写真集中的房子、风景、阳光，仿佛就是欧姬芙的人生写照。每当我轻轻翻开书页，就能一点一滴地感受到欧姬芙精致有礼的生活。与生机勃勃的大自然一起生活，我认为这是我们面向未来的路标。

春天即将来临，让我们了解太阳和风、土壤和水。养育我们成长的春天即将来临。

第六章

·

关于生活

学会真诚待人处事的方法和窍门

充满耀眼光芒,散发香甜味道的生活

《去寻找散发早餐味道的空气》堀井和子 著
《认真生活》大桥步 著

一天早晨,我眯起眼睛看清晨的阳光。我的灵魂或许还游荡在清醒和睡眠之间。房间里逐渐充满早晨的七种颜色,麻雀叽叽喳喳地斜着身子停在窗边,仿佛在对我说"早安"。堀井和子女士非常喜欢早餐,据说她曾说过这样一番话:"晚上,我会带着对明天早餐的期待进入梦乡。"喜悦之情溢于言表。这句话仿佛点亮了整个世界。

《去寻找散发早餐味道的空气》这本书源于热爱早餐的堀井老师对邻里家早餐的兴趣。堀井老师开展早餐调查活动,采访取材,亲自拍摄照片,用文字和图画编撰书籍。图书内容包括人们家里各式各样的早餐。每种早餐都令人眼前一亮，内容也非常充实。每翻开一页，就能感受到早餐是支撑一个人一整天的支柱，并且能够表现每个人不同的性格，让我感同身受。并且，堀井老师的每一段文字都像早餐一样充满了爽朗的感觉。正是因为有这样的文字，这本书才能散发耀眼的光芒啊。

我读了大桥步老师的散文集《认真生活》。之所以常常想读大桥老师的作品，是因为他的作品散发着香甜的味道。大桥老师的文字风格透明而爽朗，字里行间散发着生活中美妙的空气。他描写了许多生活中的事物，例如家、每天发生的事情、未来的计划，等等。大桥老师如此认真地对待每一天的生活，意味着他想享受当下的每一刻。这也是获得幸福的秘诀。

我特别喜欢大桥先生在插画中使用的蓝色。他用颜料调出来的蓝色，是凝聚了早晨和夜晚、大海和天空、风和光的颜色调和而成的。你若是愿意翻开这本书，一定也能闻到那香甜的味道。

希望明天是个晴天。我想早起呀。

一步一步,一针一针

《寻找幸福的森林》菲利普·德莱姆 著
《下田直子的刺绣书》下田直子 著

无论今天是怎样的一天,我都想要好好珍惜。不可能每一天都是美好的,但正是面对不美好的一天,我才更应该比往常更温柔地对待一切。

法国畅销书作家菲利普·德莱姆的《寻找幸福的森林》,是一部用独特的充满诗情画意的文字将作者对日常生活的想法和一些小事编写而成的作品。将每一天发生的事情用速写的方式记录下来,讲述自己心中的幸福。通过这种方式,便能发现每天发生的奇迹。朋友和家人,窗外的风景,等等,若是仔细观察,每一个人或场景都能变成一个故事,为我们的日常生活增光添彩。

奇迹每天都会发生。阅读这本书时，我从心底涌出了这般温柔的感觉。无趣的时光也能带给我梦想，幸福会从我眼前经过。我们一边讲述幸福，一边一步一步往前走。我反复阅读这本书，反复展开了各种想象。

手工艺品艺术家下田直子的作品集《下田直子的刺绣书》，是一本拿到手上就感觉很不错的书。我并不了解刺绣的详细知识，但看到书中充满个性和乐趣的刺绣艺术时，我抛去一切理论，发出了惊叹声。这本书通过实际持有者使用时的照片，将下田老师的刺绣包展现了出来。正在使用中的风景比任何其他照片都要精彩。单看只是一幅作品，但对于拥有作品的人而言，这部作品已经成了生活的一部分。这些包的形状，熟悉得令人非常温暖。看到这里，我立刻就想制作刺绣作品。我想绣一只属于我一个人的包。没问题，书中详细说明了刺绣的方法和制作包的方法。因此，我认为这是一本能使每个人都了解刺绣乐趣的好书。

每天一步一步地练习，一针一针地绣出花样。如此美妙的节奏充满了幸福。

名为茶粥的幸福

《神乐坂·茶粥记:矢田津世子作品集》

矢田津世子 著

我特别喜欢边走边吃,也喜欢一边阅读满载美食的读物一边呆呆地想象那些食物的色香味。美食本身就是一种使人感到温暖和幸福的风景。我喜欢阅读,也喜欢聆听美食的故事。

每到四月,我会按照惯例去一个地方旅行。去年,我去了九州的高千穗町。每当单轨列车轰隆轰隆地经过隧道时,风景的颜色便会由浅到深地变化,如同山神看着旅行者进入神话般的村庄时眼神的变化,令我兴奋不已。并且,令我惊讶的是,那里空气的透明度和风速与城市截然不同。在不知不觉之间,远处的物体变得越来越清晰,而近处的物体变得一览无余。在那里度过的生活就像慢镜头一样在我眼前缓慢回放。

我住在一个小旅馆里面,入口处有一棵大树。当我到达旅馆时,夕阳已西下。洗了个澡之后,我立刻跟随服务员的指引去享用晚餐。"如果您是夏天来这儿,就能吃到美味的河鱼了……"老板娘端上来的饭菜和供给神明的一样——用古代大米、高汤、汤豆腐、河鱼以及野菜等食材烹煮的料理。光看文字似乎会觉得很朴素,但每一道菜都具有非常浓郁的味道,宛如一次自然食材的节日。随着夜幕降临,远处传来神乐太鼓的声音。在这宁静祥和的夜里,我悄悄地进入了梦乡。

令我最难忘的一餐是第二天早上喝的茶粥。当然,粥用的是古代米。这是我初次喝茶粥。吃一口咸菜,喝一口茶粥,香味四溢,甜味充满口腔,就连缓缓冒着的热气也十分香甜。

说到茶粥,我就会想起昭和早期的女作家矢田津世子的《茶粥记》。这是一部以食物为主题的名作。

故事讲述了追忆亡夫的女主人公与婆婆亲密相处的温暖故事。女主人公的丈夫是一位美食家，拥有极其优秀的文笔，撰写了许多关于美食的文章，并向杂志社投稿。这位美食家表现食物味道的文笔堪称一绝。那美妙的文字精彩得使人目瞪口呆。然而，实际上，丈夫的肠胃非常脆弱，只能吃得下妻子用砂锅熬的茶粥。因此，丈夫所写的文章中的所有句子和辞藻都是妄想的结晶。妻子嘲笑他写的文章皆出自幻想，对此丈夫如此辩解："想象比实践要快乐多了，因为我能通过想象品尝各种各样的美食呢。"对于丈夫来说，妻子从老和尚那儿学来的、用绿茶熬制的茶粥是世界上最美味的食物，也是至高无上的幸福。

"粥咕噜咕噜煮开了的时候，在砂锅正中间放入咸梅干，然后用文火慢慢地熬上一段时间。粥会吸收咸梅干的酸味，而咸梅干的肉会膨胀，那份美味简直难以言喻……"

诗人西胁顺三郎说："在简朴而孤独的生活中，有一种幸福会使人联想到人类的美好感情……"那么，今年我要去哪里旅行呢？要吃些什么呢？人生就是边走边吃，边吃边走。

从一件小事中诞生的事物

《接龙》谷川俊太郎 著，和田诚 绘

每逢此季节，树上的新叶子刚开始发芽，令人耳目一新。阳光微微地照射在绿叶上，透着天真烂漫的美感，柔和的微风吹拂而过，使我感受到闲适的喜悦之情。当我生活在云端时，很难听见告知初夏来临的布谷鸟的叫声。当我偶尔在某个地方听见嘤嘤的叫声，便会露出微笑。若是闭上眼回想那是怎样一个日子，必定是新芽蹭蹭地往上生长、灿烂的阳光普照大地的初夏的一天。

每年到了这个季节，我总是要从衣橱里抽出短袖。我会将叠得整整齐齐的衣服一件件展开，挂到阳台上通风。不知何故，这种时候我总是会愉快地微笑，就像遇见久违的留恋之物一样。例如我找到了一件穿起来最舒适的衬衫，于是决定今年一定要多穿几次。虽然我是一个男人，在衣服换季的时候也会特别讲究。尽管如此，最终我还是会经常穿那几件固定的衣服。譬如，就连我的远房亲戚都知道我有一件深蓝色马德拉斯格纹扣领衬衫。另外还有一件胭脂色的Polo衫，也是我常穿的。这两件衣服的长度和宽度刚好符合我的身形，合适到即便有1厘米的差别，我喜爱的程度都会降低。当然，马德拉斯布干爽的质地，刚洗过的刺子绣发硬的触感也是我喜欢的。

夏季的衬衫是如此，那么书又是如何呢？人的衣服需要换季，但我们从来不会说书也需要换季。然而，一个人喜欢的书就和衬衫一样，来来去去总是那么几本。对我而言，书和每天穿着的衬衫一样，每天都会自然地接触。

下面为大家介绍一册绘本，是由谷川俊太郎老师与和田诚老师合著的《接龙》。文字由谷川先生负责，图画则是由和田先生提供。这本书尺寸小到可以放在手掌上，页数不多，颜色则是全黑。看起来非常简单而朴素，但是对我来说，无论多么豪华的书也比不上这本书在我心中的地位。

本书第一章内容是"骰子",全书仅收录了34个句子和配图。虽然我在前面说过内部颜色全黑,但中途出现了一个小巧的黄色的"煎鸡蛋卷"。我不禁想到,和田先生充满幽默感而温暖的画莫非是手绘而成的?在每一张图画旁边,都有谷川老师自称为"模仿诗歌",由不同单词连接而成的、富有节奏韵律的句子。在后记中,谷川老师写了这样一段话:"我在看家的时候独自玩了接龙游戏,简直可以玩到地老天荒。世界上为何会有如此多好玩的东西呢!看起来愉快,实际上却很恐怖;看起来很恐怖,实际上却很愉快。"

接龙之中蕴含着梦想。因为一个单词将会产生许多个单词,就像项链上的珠子一样连接在一起,变成一个句子,或是变成一首诗歌,或是重生为更出色的事物。接龙的闪光点教会了我:生活中的乐趣和幸福就像接龙一样,都是从一件小事开始孕育成长。

无论你数出了多少件衣服、多少本书,你的内心都会萌生出看起来愉快实际上却很惊恐、看起来很惊恐实际上却很愉快的情绪。

将文艺的写作方式应用于烹调

《好吃鬼》小岛政二郎 著

送礼物给别人时,请在包装纸上写下"松叶"以聊表"寸心"。在吃寿司的最后一口时,一定要吃掉包裹住寿司的海苔卷。关东煮里面有一种叫"雁拟"的菜——在圆圆的豆腐里面加入切碎的海带,这个搭配如同有几只大雁飞过中秋节的月亮,因此得名"雁拟"。这些风土人情,我都是从那位拥有平民的坚强与仁厚慈悲之心的秋山安三郎的文章中学到的。

秋山安三郎是一位土生土长的江户人,他是一位报社记者,写的文章不掺杂一丝虚假。在昭和年代中期,他曾在《朝日新闻》上连载了《东京回忆录》,那是一本实实在在地描绘了明治、大正、昭和等时代的东京风俗和日常生活中悠闲时光的岁时记。

我将秋山安三郎的书从书架中拿出来,翻开,便一发不可收拾。东京平民区今昔的魅力深深地吸引了我,使我能够更深切地体会一个时代的趣味,不禁沉迷其中,无法自拔。然而,我自己的书架过于寒碜,很少收藏这类书。结果,我走访了许许多多的二手书店和图书馆,搜寻秋山安三郎、久保田万太郎、小岛政二郎、川口松太郎、长谷川伸、正冈容等撰写喜剧、艺术、风土人情、落语等题材大师的著作。

我在盛夏,不停地读小岛政二郎的《好吃鬼》,地道江户人写的故事散发着无与伦比的魅力,沉浸其中,仿佛在炎炎夏日大口啜饮清凉泉水。其中,便当的故事令我兴奋到了极点。"说到便当,手握是最好吃的。取出咸梅干的核,将梅肉放进米饭中,捏成一个三角形,便完成了一个手握。绝对不能在外面裹上海苔。濡湿了的海苔失去酥脆感,只会使味道变差。若是在手握外面卷上海苔,手握饭团就会凉得很慢,米饭的味道也会变得不热不冷的。米饭要完全放凉了才好吃。"小岛总是用如此独特的文风畅所欲言。

地震前在东京的某个便当店里面的回忆更是令我难以忘怀。他曾在那里吃过仅配有各种咸菜的白饭套餐。店里面只有"咸菜便当",没有附带任何其他配菜。据说,这份便当的美味一言难尽。拿到便当后,用濑户陶器将木鱼干削得薄薄的,在已经变凉的米饭上面撒上一层。然后,在木鱼干上面倒上上等的酱油,并刮一大勺芥末放在角落里。这份便当叫作"猫便当",需要在白饭里放一些芥末和木鱼干搅拌着吃。这份便当的吃法令人难以忘怀。

《好吃鬼》是一部将文艺的写作方式应用于烹调的著名随笔集。作者有许多成系列的随笔集,现在我们依然能读到他的许多部作品。趁着这种势头,我还想写写正冈容和川口松太郎等作家的著作,但如果继续写下去,可能会被江户人责怪我唠叨。待我歌颂美好的秋天之后,便在此搁笔。

当一个时代的点与点连成线的那一刻

《摩洛哥皮革书》栃折久美子 著
《森有正老师》栃折久美子 著

栃折久美子老师曾出版过一本名为"摩洛哥皮革书"的随笔集。本书通过充满乐趣的文风，将日常生活、装帧工艺的魅力、为学习装帧工艺而付出的精力和努力、继承工艺的技术和精神的思考方式和精心制作手工的重要性等事无巨细地记录下来。

装帧是一项非常精致、严谨，且具有艺术性的工作。装帧又分为德国流派、英国流派、法国流派，在此之中，栃折被特别细致且主要在文学图书的装帧方面有深入研究的法式装帧吸引，并决定学习法式装帧。

她在书中写明了原因："比利时继承了法国

流派,并且很好地保存了这类古老传统工艺的技术。相比巴黎那样的大都市,我更想暂时居住在这种小城市里面,不仅生活成本低,还很难见到日本人。同时,我也想离住在巴黎的某个人稍微近一点。"初次拜读《摩洛哥皮革书》时,我一直非常好奇那位住在巴黎的人的身份。

过了很久,我发现《森有正老师》这本书揭示了答案:枥折老师真挚描写的一个季节和一段恋情与森有正息息相关。

枥折老师曾担任居住在巴黎的哲学家兼作家森有正的秘书,同时也是他的知心好友。两人相处10年之后,有一天森有正向她求婚,但为了不让自己失去自我,枥折老师选择结束这段纯洁的友谊。后来,她为了开始一段新生活而决定出国留学。

我非常喜爱森有正的《遥远的圣母院》,出于对装帧的兴趣而了解到枥折老师的《摩洛哥皮革书》并对那份热情感到欢欣雀跃。过了多年后,我遇到了《森有正老师》。当过去的时代的点与现代的点清晰地连成一条线的那一刻,我深受感动,不由得感慨这才是读书的乐趣啊。

门扉的另一侧

《一色一生》志村福美 著

"查明植物处于最佳状态的时期并趁机取色。"这是我在染织艺术家志村福美的《一色一生》中遇到的句子。

这句话所说的颜色,是指从各种各样的植物的花、果实、叶子、树干和根等部位的木醇中提取出来的颜色。志村老师在书中写道:"那不仅仅是一种颜色,也是颜色背后的生命通过颜色反映出来的东西。如果我们没有接纳并活用那些颜色,那些颜色将会失去生命。"

我们的日常生活由各自的工作支撑。我认为工作不仅是指一个人的职业,还包括打扫、下厨、清洗衣物等家务,以及与生物相关的活动。具体来说,便是所谓的去做某种与生命相关的事情,譬如与天空、大海、风、太阳等巨大的事物或人类、植物、动物等渺小的事物建立关系。读过《一色一生》后,我开始重新思考工作和自身的关系。"如果我们没有准备好接受并运用颜色的材料,那些颜色将会失去生命。"我每天都带着这样的心情工作,"如果我们的内心透彻,当我们将植物的生命与自己的生命结合在一起时,门扉就会为我们敞开一条缝……"我们工作的意义在于用一颗透彻的心将我们与工作对象的生命结合起来。此时,我认为能够了解稍微为我们打开一丝缝隙的门另一侧的风景,便可获取至高无上的幸福。

但是,如果我们顾左右而言他,心不在焉地工作,将不再会有任何一扇门为我们打开,并且会失去大费周章才得来的生命。

书中写道:"为了促使樱花开放,樱花树要花一整年时间来孕育花朵。"据说,在这一年期间,随着时间的流逝,樱花树会在树皮中储存名为"颜色"的生命。收集樱花的花瓣用来染色,并不能染出与美丽的樱花相同的颜色。据说,在花开之前就要看准合适的时期,摘下树枝后熬制染料，才能给布料染上些许樱花色。了解这个道理后，我才懂得一个道理：若是在工作中完全按照自己的意思来办事，必定无法染出美丽的颜色，而是只会染出暗示着"犯错"的颜色。"一个物品的真实隐藏在外表之下，是无法用物体或形状表现出来的。大海和天空的蓝色就属于这等范畴。若是无法直接染出占据这个地球上最大面积的蓝色和绿色，那么我们必定能在大自然的某一处找到能染出这种颜色的东西。"志村老师的话语也可以应用于我们的工作。我的想法发生了很大的改变。

今年，樱花开放的季节也将到来。

回忆中的餐桌

《记忆的隐味》高山直美 著,斋藤圭吾 摄

关东煮曾经是我家的一道佳肴。

傍晚时分,当我接到父亲从公司打来的电话并听见他对我们说"今晚的晚餐是关东煮哦"时,年幼的我和姐姐手舞足蹈,兴奋不已。在外面工作的妈妈回家后,对我们说:"接下来要准备晚饭了。"然后她系上围裙,在洗手池中冲洗双手,说道,"接下来只需要煮饭了。"听闻此言,我内心的一颗石头落了地。我们家的关东煮,一般都是由父亲到常去的关东煮店里买回家。父亲说,相比自己在家里做的关东煮,到关东煮店里买的更好吃。

到了傍晚,只要一听见父亲"我回来了"的声音,我们几个人就会聚集到狭窄的大门口。母

亲和姐姐会从父亲手上接过两手提着的袋子，而我则是随声附和着"关东煮耶，今晚吃关东煮耶"，吵吵嚷嚷地手舞足蹈。

母亲和姐姐熟练地将塑料袋内的菜和汤转移到砂锅里面，然后用煤气灶加热。电饭煲的出气孔升起了纯白色的蒸汽，妈妈和姐姐从冰箱里拿出咸菜和家常菜。母亲递给我一块抹布，让我擦干净桌子。我必定会回答两次"好的"，然后努力擦餐桌。当父亲脱掉外套，换上和服，来到餐桌前的时候，妈妈和姐姐必定已经泡好了热茶，准备好了所有菜品。快到7点了，当我斜着眼看12台播放的外国动漫时，电视就会被关掉，我们四个人围着餐桌开始吃饭。父亲会先说一声"我开动了"，然后母亲、姐姐还有我会接着说"我开动了"，这才开始动筷子。

当父亲揭开砂锅的大盖子时，锅里冒出了散发着香甜气味的蒸汽。稍微拨开蒸汽，就能看见里面的菜肴。父亲用勺子稍微搅拌了一下，然后给自己盛上一些。父亲总是会选择海带和油炸豆腐以及鱼丸这三种菜。然后，父亲会将勺子放回去，对母亲说："孩子他妈，来吧。"妈妈便会舀一些魔芋和鱼肉山药糕。接下来轮到姐姐，姐姐会带着满面微笑，取一些爆炸丸子、竹轮、牛蒡卷。在这期间，我会吞咽着唾沫，咬着筷子等待。在吃火锅，特别是吃关东煮时，我家一定会遵守这样的顺序。但是，这种规则仅仅适用于起初的阶段，一旦开吃，就可以各自随意舀东西吃了。如果碗里剩了食物没吃干净，一定会遭到训斥。在家人不停地挑选的时候，我会盯着锅里的东西，然后寻找自己最爱的食物，同时计算各种食物的数量，比如炸豆腐丸子、魔芋丝、牛筋。"每个人可以吃三个炸豆腐丸子哦。"父亲知道我最喜欢的食物是炸豆腐丸子，特意说句话让我安心。然后，我们一家四口围着关东煮的锅子边吃边聊。时不时发出一些声音。"真好吃啊！""嗯，关东煮太美味啦！""汤也很好喝。""是的，超好吃！""啊，好烫！""哎呀，别弄洒了。"

　　孩子们在学校玩耍、学习，放学后在孩子们的社会中努力安排活动，而家长即使在社会的波澜中痛苦挣扎，也要为了不迷失自己而努力站稳脚跟，拼命工作，拼命奋斗。当一家人都回到家后，便会围在名为"家人"的无可取代的餐桌周围，品尝这份安稳和平，以及美食佳肴。幸福便是静静地在这些简单的日子里诞生的，并成为每一个人努力向未来奋进的食粮。

读过高山直美的《记忆的隐味》之后，我回忆起了孩提时代我家的餐桌风景。明明没有任何悲伤的回忆，我却忍不住酸了鼻子。这个世界上有太多关于烹调的书，但蕴含有这种回忆的书唯此一本。书的最后一页放了高山老师家厨房的照片。看到那张照片，我总觉得和母亲曾待过的厨房特别相似。从看到照片的那一刻开始，我便止不住泪水。我无法继续写下去了，这份爱恋使我难过至极。

每天的欢呼声源于餐桌

《过去我在东京的生活》赤濑川原平 著
《每天的餐桌》长尾智子 著

当风变得柔和、早晨的空气变得芬芳时，我曾感觉沉重的身体也变轻了。我想站在某个起点，打开身体迎接新的知识，这样的情绪溢满了我的大脑。

我是在何时下定决心在东京生活下去的呢？当我读过赤濑川原平老师的《过去我在东京的生活》时，忽然产生了上京的想法。那时候，我住在一间只有一扇窗户的房间。只要天空湛蓝，晴朗无云，我便能愉快度日。而在那时，最愉快的事情莫过于自己下厨。是的，在那时候，即便生活非常简朴，我每天必定要亲自下厨，这是其他活动无法替代的乐趣。这部作品是赤濑川老师将他到东京后做过的各类工作与日常生活经历编写而成的散文集。其中,我特别喜欢关于食物的文章,因此反复读了很多遍。米饭蒸得直冒白烟时,赤濑川老师的友人用手撕下刚煎好的秋刀鱼,稍微浇一点儿酱油,用勺子将饭和秋刀鱼搅拌到一起。见此景象,他不禁对友人的创意发出惊呼,而后尝了一口,对那美妙的味道啧啧称赞,"烹饪简直是一种发明"。我想立刻模仿这个方法做一道菜。另外,素荞麦面、炒蔬菜套餐、三个人分一片吐司的文章也令我兴致昂扬。总之,这部作品中的文章能给人注入精神。

《每天的餐桌》是一部将长尾智子的悠闲生活不加修饰点缀而成的作品。每次阅读长尾老师的烹调书时,总能学习到与烹调无关的许许多多的知识。长尾老师看待事物的方式,处理以及感知的方式,总是如此仔细、周到、迅速,处理每一件事情都迅速果断。我常常发现一些令人惊讶的内容,譬如太阳直射的一面和背阴面散发的气味不一样。当然这些知识非常实用,但我认为长尾老师作品的实用性并非仅限于厨房。此外,长尾老师所写的"注意点",是必须注意的要点。

学会真诚待人的方法和窍门

《鲁山人的料理王国》北大路鲁山人 著

"有些人认为正确的事情便是好事，因此不会说半句反驳的话。而有些人根本不会去实践。"这句话说明一个人待人处事的方法会将本人变得渺小。读过《鲁山人的料理王国》之后，我感觉自己的身体在逐渐变小，既生气又伤心。正因为气愤，我才更要将许许多多的话语嚼碎吞进肚里，努力消化，思考如何挺胸抬头、理直气壮地向鲁山人证明我不是一个光说不做的人。如此一来，我的内心便总是会涌出相同的答案：去实践吧。

解决生活和工作中的问题的诀窍唯有实施一途。鲁山人对此说道："思考和聆听都非常重要，而我认为实施更重要。"

想要做一道美味佳肴与做出一道美味佳肴简直有天壤之别。

下面，我想换一种说法解释这个道理。希望做好一份工作，与做了一份工作的区别，希望过上美好生活与过上了美好生活的区别。我总是像这样替换不同的词语来举例子。即使一个人渴望做好一件事情，实际上要做到也并不简单。这个世上，有太多人只停留在想的阶段，只有极少数人会真正去实施。可以说这两类人的区别就在于认为自己无能为力与面对困难永不言弃。鲁山人曾说道："希望你们首先能拥有希望。若是希望去做某一件事情，希望你们能够持有坚持到底的决心。倘若你们已经下定决心，希望你们立刻开始着手去做。世上无难事，只怕有心人。这世上有太多人根本没有尝试就认为过于困难而放弃……或许达成一个目标需要走很长的路。但那条长路总是从最近的第一步开始往远处蔓延。"

《生活手帖》是一本已经走过60多个年头的老牌杂志。这本杂志向来不刊登任何广告，是守护着独立精神的堡垒。

在编辑部里面，我亲身感受到有许多人的行

动仅仅停留在思考和说话的阶段,没有付诸实践。大伙儿一拥而上,每个人都是批评家。对待某件事情,人们的思考仅仅停留在"是好还是坏,因此产生了什么问题"的层面上。因此,读到鲁山人的著作时,我感觉这个人真的非常出色。他一直在倡导人们放手去做,并主张永不言弃才是为人处世最重要的方法。所以,我会说"不要成为一个批评家,无论做任何事情都要孜孜不倦地实施,并且要热情、真诚地尽全力做好一件事情"。后来,当我阅读《鲁山人的料理王国》时,遇见了这些话语:"一个人仅有真诚远远不够,一件事停留在思考的阶段,则无法看见未来。既然想做好一件事,就必须将你的想法表现出来……我们需要的是实践的方法和窍门。"

实践这条道路也非常漫长。读过这本书后,你也将悔恨自己的无能为力。但你无法放下这本书。这是一部如同飘浮在蓝天之上的云一般宏大的作品。

读到"茶泡饭的味道"一章时,我觉得茶泡饭实在太美味了,光是读上一遍文字,我简直都要流口水了。

我想守护与应该守护的事物

《永平寺的斋菜》高梨尚之 著,大本山永平 编

去年年底,我与小说家立松和平老师共同参加了一个广播节目。我们每年都会以"我想守护的事物""应该守护的事物"为主题对谈。立松老师告诉我,由于农业人口长期减少和进口农产品不断增加,我们应该"守护"处于困境之中的日本农业。我则是在"应该守护的事物"方面谈到了人与人之间交流的重要性。我认为,人们应该舍弃一己私利。但实际上,在工作和生活方面更加关注他人,与他人建立积极的关系并共存下去等理念正在逐渐流失。

在生活方面,你是否会理所当然地不在乎,或是尽量避免无法直接产生利益的情况呢?这种利己的思考方式会在不知不觉之间破坏一个地区的社会。而在城市之中,越来越多的人就连和邻

里都互不相识了。虽然社会上存在侵犯个人信息和隐私的问题,但一个从古至今重视人与人紧密联系的社会应当能够为人们获得幸福发挥作用。

佛教中有"法食一等"的说法,意味每天的饮食对每个人而言,其重要性和严格的修行同等。在此基础上,典座是指将烹饪和饮食方法提高至修行水平的一种教诲。认真地烹饪每一餐饭菜,带着感谢之情享用,都是典座的基本方式。我从中认识到每天的清扫、烹调、洗涤等家务工作的重要性。

当谈到我在厨房里孜孜不倦地刷洗锅子时,立松老师说:"如同清洗人的眼珠一样,仔细而轻柔地刷洗锅子的行为,也属于典座。"

由大本山永平开创、道元禅师传颂的典座,意为我们要像珍惜自己的眼睛一样珍惜蔬菜和大米。立松老师通过解释典座这个词语,向我传授了认真仔细地经营日常生活的智慧。

《永平寺的斋菜》一书,向我们讲述了典座的智慧、传承了760年的味道、行脚僧与饮食、家人制作的斋菜。

今年,我想好好学习典座。

学习生命的基础

《食育校园：小马丁·路德·金中学的挑战》
生态素养中心 著，芝诺比娅·巴洛、马戈·克拉布特里 编

在这个世界上，有许许多多的好事和坏事。人们总是会与其中一类事情产生关联，积极地向前迈进。为了尽可能向前迈进，我们应该尽可能去面对各种各样的事情，以某种方式理解这些事情，或是为了说服自己而很好地与自己和解，然后鼓起勇气去做下一件事情，尽可能踏出新的一步。是的，或是妥协，或是讲究方法，或是思考，每个人都有各自的方法，总之，首先要踏出一步。即便如此，有时候依然无法和解。因为除了好坏之外，还会产生悲伤。若要举出例子，大部分都是关于孩子的事情和问题。想要理解儿童

的死亡与儿童引发的事件，并非易事。尽管如此，我也不想装作什么都不知道。我想尽量接近这些问题。在这些问题面前，我们这些铸造这个世界的成年人负有巨大责任。

在加利福尼亚州的伯克利，有一家名为"潘尼斯之家"的餐厅，该餐厅使用当地种植的有机食材传播加利福尼亚美食。我了解到那家餐厅的老板兼主厨爱丽丝·沃特斯参与了一个非常有意义的项目。

她在上班的路上，经过一个名为"小马丁·路德·金中学"的学校。那所学校破破烂烂的，就像一座废墟，对此她感到非常痛心。一天，她通过一次采访了解到教育的话题。当时，她在采访中问道，在她居住的伯克利这个明智的社区中，能够允许将如此简陋的中学放置在一旁不管不顾吗？

那所中学的校长偶然间听到了她那番恳切的话。校长给她打电话，希望能和她谈一谈这个问题。两个人分享了对学校应该履行义务的见解，并提出了名为"食育校园"的项目。这是站在外界的角度改变学校内部的愿景。

"食育校园"项目是一个全新的挑战，它的主旨如下：为了孩子们的健康成长，在学校用地内创建一块菜园作为学习、丰富知识的场所，并且将它打造为思考的场所，让学生学习作为农业基础知识的食物循环。通过播种、栽培、收获、循环利用的过程，人们可以接触到有机的自然循环，以便过上至今为止在学校教育中无法实践的且用金钱无法买到的、健全而健康且可持续发展的生活，引导孩子们理解对人类而言最重要的事物的价值。

孩子们与老师一起耕种，收割粮食，将收获的粮食烹制成一道道菜肴，摆在桌子上一起分享。这是一种分享喜悦的方式，会成为每天都能实践的、无可取代的学习方式，逐渐改变孩子和学校。

《食育校园》是一本非常有意义的好书，记录了人们学习生命的基础，发掘全新思想、开展全新生活的活动。

禅宗大师道元不为人知的人生

《禅宗大师道元》立松和平 著

对我而言，书是朋友，是老师，也是家人。

这个冬天很冷。整个社会都被无法预测的事所震撼，笼罩在寒冷之中，甚至遮蔽了人们的眼睛，使大家看不清真相。

某一天，我遇到了一本使我感到温暖的书。那就是立松和平的《禅宗大师道元》。正如俄罗斯俗语"那句话温暖了整个冬天"所言，这本书的确在整个冬天温暖了颤颤发抖的我。

《禅宗大师道元》是一部大河小说，描绘了日本佛教宗派开山始祖道元不为人知的人生。令我没想到的是，在日本传播刷牙洗脸、打扫卫生的习惯以及饮食礼节的人竟然是道元。立松和平花了9年时间完成了这部著作。

对于我们这些生活在动荡现代社会中的人来说，《禅宗大师道元》可以说比任何书都要优秀，是一本我们能够从中学到生活方式和思想的生存手册。

有趣的是，曾在中国的禅寺学习修行的道元，向日本的僧人传授修行的基础，即为清洁身体。在此之前，日本人认为修行僧侣身体上的脏污正是经历了苦行的证明，但道元彻底推翻了这个概念。为了防止口臭，用牙签来刷牙。用水来清洗身体和脸部。他教导僧侣们留长指甲是违背教诲，认为那些留长头发的家伙没有作为一名僧侣的资格。并且，他还教导僧侣大小便的方式。从此我们便可知道在道元革新僧侣礼仪之前的年代，日本的禅宗寺庙几乎没有任何礼仪。即便将此书中的每一条礼仪规则用在当下自己的生活中，也能够改变目前的生活方式，使生活变得崭新而美丽。此外，问候的方法也分为许多篇文章。可以说，大河小说《禅宗大师道元》是成年人进社会前应该读的一本书。

第七章

·

关于存在

被称为好书的书

大不了上当受骗

《我的人生：我的昭和历史》上坂冬子 著
《冰箱》潮田登久子 著

去年年底以来，我一直埋头阅读上坂冬子老师的著作，到目前为止已经看完了十几部。据我调查，上坂老师共有著作33册。我不记得读完这些书花了多少时间，或许是半年，或许是一年。

"说到作家，就会使人联想到小说家。但我从未写过小说，甚至连小说的写法也不甚了解。我创作的领域是追求事实的纪实文学，原则上不需要想象力，也不需要华丽的辞藻。"

上坂老师在著作《我的人生：我的昭和历史》的序言中写道："本书是我的自传，同时也是日本二战后60年历史的记录。"由于老师的文章简练直白，我一天就能读完整本书。上坂老师的地位是最近的流行作家远远不可及的。无论男女老少，凡是最近要我推荐书的，大多数时候我都会推荐《我的人生：我的昭和历史》。读几本书不会受到任何损失，"若是不合口味，就当被骗了"。虽然这种话并不适合挂在嘴边，但我希望更多人能够读一读这些好书，于是忍不住经常用这句话来打开话匣子。

我回忆起小时候常常到朋友家里玩，看到朋友家里的冰箱就会特别兴奋。若是打算看看里面装着什么东西，便会更加兴奋。对我来说，冰箱里面似乎隐藏着一个家秘密的小宇宙。另一方面，我认为没有什么比冰箱里面的东西更有趣了。这就是当我拿到摄影家潮田登久子老师的《冰箱》一书时，忍不住沉迷其中的原因。

作者通过定时观察冰箱里面的内容来记录自己的生活。后来，她逐渐将这种记录日常生活的方式传播给朋友，就这样过去了20多年。蓦然回首，作者将这20多年的回忆编成了一部写真集。无论在多么寒冷的日子翻看这些照片，照片里的冰箱都不会变冷。我希望你能带着"大不了上当受骗"的前提看一看这本写真集。

满溢恋慕之情的绘本

《烤鱼》小熊秀雄 著，市川曜子 绘
《无声之书》芳贺八惠 著

"今天天空的颜色简直太美了。我最喜欢这种蓝色了。"

某一天，一个相识的少女在我面前蹦蹦跳跳地说出这番话。我现在拥有最喜欢的颜色吗？那一天的天空的确染上了某种颜色，那是看一眼仿佛就会被吸入其中的蓝色。仿佛是在讴歌自由，不浓不淡的蓝色。我非常羡慕这位在被人工制造的颜色包围的日常生活之中，依然能够因仰望蓝天而无比喜悦的少女。

我读了一篇标题为"烤鱼"的故事。故事始于一只被人烤熟了的鱼思念大海的情节。被放在盘子里面的鱼忆起曾在令人怀念的大海中度过的愉快生活，不禁潸然泪下。鱼为了拜托动物们将自己带往海边，让猫和老鼠以及野狗吃掉自己的肉，由此逐渐接近大海。就快到达海边时，鱼对乌鸦说道："我把我重要的眼睛给你吧。我只剩下这个宝物了。"于是，乌鸦用喙啄掉了两只鱼眼。然后抓住只剩下骨架的鱼在天空中翱翔。然而，就在到达大海之前松了手，鱼掉到了地上。因此，鱼每天都非常苦闷，只能聆听回荡在附近的海浪声。有一天，蚂蚁军队出于同情心，花了很多天将鱼骨架送往大海，终于让鱼回归了大海的怀抱。鱼喜悦至极，感激涕零。然而，由于失去了眼睛，连肉体也不复存在，只剩下骨架的鱼在海水中又冷又疼，痛苦不已。几天后，鱼被卷到了岸上，最终被埋进了沙子里。

  这本书是诗人小熊秀雄在22岁那年发表的童话名著，描绘了对自由的渴望和严酷的现实。读这本童话的同时，我还读了芳贺八惠的绘本《无声之书》。我再次抬头仰望蓝天，内心仿佛想要诉说什么。

被称为好书的书

《早稻田旧书店日记》向井透史 著
《圣日耳曼德佩区入门》鲍里斯·维安 著

到了想光着脚在草地上奔跑的季节了。虽说春天会让人疯癫,但我喜欢这种感觉。我甚至想小声嘟囔"疯癫未尝不可"。

早稻田是我喜欢的街道之一。那里具有漫长历史的旧书店,使我仿佛看见了孩提时代的景色。早稻田街道走起来毫不费力,适合独自散步。

某位朋友告诉我"古书现世"书店的年轻老板曾经出版过一部作品,但是我多年来一直没有遇见那部作品。前几天,我和朋友去了他的书店,终于得到了那本书,并且遇见了年轻的老板。他温柔的笑容令人印象深刻。

那本书便是向井透史老师的《早稻田旧书店

日记》。虽然我爱书并且也是书店老板，但我依然对自己所掌握的知识和经历没有信心，认为自己无法理所当然地写出这等文章。因此，被当作二手书店专家的我，在面对关于旧书与知识的话题时，总是特别胆怯。我很少读这类书，各位专家渊博的学识更是突出了我的学艺不精。之所以会读向井老师的书，是因为我总是会忆起他的笑容，因而想读一读他写的文字。读过之后才特别惊讶，没想到他的文笔如此好。用于形容他的文笔的"好"，不同于"擅长"或是"优美"，是读起来很舒服的感觉。这本书中所写的内容，并不是关于书的知识和经历，而是他在日复一日的工作与生活中感受到的微不足道的一瞬间与故事。好久没有遇到这么喜欢的书了，我想感谢让我遇到这本书的向井透史老师。

在新刊中找到了我多年以来一直喜欢的鲍里斯·维安的《圣日耳曼德佩区入门》，实在非常高兴。这无疑是最高级的街道百科全书，也是一本可以"被称为好书"的书。

肉眼看不见的东西是什么

《幻想》布鲁诺·莫那 著
《IROHA4号》IROHA编辑部 编

这世上有肉眼可见,也有用肉眼看不见的东西。老实说,我不在乎我的眼睛所能看见的事物。既然能够看见,便可以随意观赏。更重要的是,有心去看那些用肉眼看不见的事物。也就是说,自己是否有纤细的神经,能够发觉熟知事物不为人知的一面。但是,这个世界上很多人都是仅凭借自己的双眼来决定一个问题的答案,换言之,所见即是答案。有时候甚至认为眼前所见就是一切,不存在其他任何可能性,并认为现实就是展现在自己眼前的一切。有的甚至会发出这样的声音:我只相信自己能看见的事物。为什么大家不去尝试接近用肉眼看不见的事物呢，就连碰触也不愿意呢？肉眼看不见的事物之中存在着人的真心。只有当人的内心存在如水一般安静的真实，支撑这个世界的力量之源才会出现在我们身边。

布鲁诺·莫那的《幻想》一书中，充满了人类肉眼看不见的事物的话题与教诲，令我完全沉迷于其中。幻想本来是指我们拥有思考崭新事物的能力。那是一种不可思议的、如同天启一样的妄想，或许也可能是灵光闪现。

"幻想：从未存在过的一切，不可能实现的事物。"这句话中暗示无形的事物背后隐藏着的最重要的秘密。

《IROHA4号》是一本报道二手书和杂货等的小型生活杂志。每当我翻开这本杂志，眼前便会隐约浮现出好久没见过面的人的面容。那正是用肉眼看不见的温暖景象。我希望这种杂志能够继续办下去。我相信无形的事物具有的力量。

能够开心学习的生活方式

《创作前夜：10位女作家谈论专业人士工作的幕后故事》CW编辑部 编

《文士的活魑魅》车谷长吉 著

工作意味着什么呢？面对这个问题，我首先想到的是学习。学习原本是一件愉快的事情。然而，若是问人们喜欢还是讨厌学习，大部分的人会保持沉默。说明大多数人都不喜欢学习。那么，这是为什么呢？

我是这样想的。学习是我们在学校已经经历过的一个过程，我们或许无法为学习擦除"强迫去做"的概念。从小到大，我们的父母和老师会理所应当地教育我们应该怎样学习，而我们则是一边限制自己的想法一边尝试理解父母和老师的意图，并掌握解答的方法。虽然我们会因达成某项目标而获得喜悦，但很少会有孩子能够说出"喜欢学习这件事"。因为学习意味着一个人总是处于他人的控制之下。

当一个人成年后，他便可以选择自己的生活方式。当一个人选择不属于任何地方且不受任何人约束的生活方式，那么这个人便不会今朝有酒今朝醉。因此，这个人必须考虑首先应该要做什么。今天自己会做什么、想做什么、想说什么，这类行为是人类为了学习而踏出的第一步。生存意味着走路。为了走出自己的道路，就需要智慧和方法。任何人都会从一个起点开始出发。学习意味着什么？学习意味着从起点走出去。可以说按照自己的步伐踏出去的每一步都令人非常愉悦。

《创作前夜：10位女作家谈论专业人士工作的幕后故事》和车谷长吉的《文士的活魑魅》这两部作品共同教导了我何谓工作的意义。工作就是学习，而学习非常有趣。只要我们舍弃被人约束的生活方式，就能体会到学习带来的乐趣。

两本起到范例作用的书

《在旅途中喝杯啤酒》川本三郎 著

《续·今天的购物》冈本仁、冈本敬子 著

奇怪的是,今年夏天我经常看到蝴蝶。体形庞大的燕尾蝶在大城市的角落里飞舞,它们一边穿过人群,一边在天空中飞舞,那情景实在危险,我不禁为它们捏了把汗。据说有一种蝴蝶能够度过严寒的冬天,它们叫作纹黄蝶。它们在冬天会停止飞舞,一直停留在树枝或树叶上面,仿佛被冻住了似的一动不动,因此又被称为"冻蝶"。

若是在报纸和杂志里找到川本三郎老师的散文,我会喜出望外。那种情绪仿佛是在一个广袤的砂石厂中找到了闪闪发光的玻璃球。散文集《在旅途中喝杯啤酒》精心整理了川本老师在日常生活中发现的小小幸福,内容包括散步到达不知名街道的故事，与川本老师读过的书和看过的电影。光看这个书名，年轻一代或许会对这本书敬而远之，但我希望各位年轻人也能看一看川本老师的文字。近来，许多人都喜欢在博客中记录自己的各种日常生活，那么川本老师的作品必定是一个很好的参考。要写出一篇好的文章，就需要一个很好的范例。

我独自在街道漫步。在日本乡下的街道漫步，到渔夫居住小镇的居酒屋里喝酒，泡温泉。读过川本老师的每一篇作品之后，我感觉自己似乎也跟着他悠闲地走过了许多旅途。

冈本仁和冈本敬子是一对夫妇。《续·今天的购物》是根据他们两人的博客内容编成的一本书。本以为内容是描述一对夫妇每天悠闲购物的故事，实际却并非如此，本书是将身边发生的小事作为借口写下的日常生活札记。每一篇文章配有一张为一个借口进行辩解的照片，而我认为这些照片的目的都是为了解嘲。我认为将博客变成一本书似乎是为了追随流行趋势，这本书完全符合这个概念。

这是伦敦

《这是伦敦》米罗斯拉夫·萨塞克 著

我在一个夏天去了伦敦。

在这之前,我仅去过英国一次,只去了苏格兰。但我对伦敦感到亲近。这是因为我曾翻译过米罗斯拉夫·萨塞克的《这是伦敦》(1959)的再版绘本。

萨塞克是斯洛伐克的绘本作家。他从20世纪50年代末开始,去往全世界具有魅力的城市,并将当地的见闻画成一册册旅行绘本,以"这是……"为主题,创作了一系列作品。他曾画过17座城市。"这是……"系列至今依然在全世界范围内广为流传。

从特拉法尔加广场前的国家美术馆一侧进入小路后,即可在圣马丁巷和查令十字街之间看见一条约100米长的小巷——塞西尔街。这是伦敦唯一的旧书街,拥有20家并排坐落的旧书店和旧邮票店。那里有一家名为"RED SNAPPER BOOKS"的旧书店。那家书店的老板名叫亚伦,和我年纪相仿。几年前,亚伦拜访了我的旧书店"COW BOOKS"。那时,我和他约好了,若是以后去伦敦旅行,务必要去拜访他。

亚伦的旧书店非常棒。尽管店面很小,但店里面有许多充满个性的以反主流文化为主题的收藏品,在伦敦这个大城市也算是非常突出了。

亚伦对我的来访感到非常高兴,他在电话中对我说:"今后,你的粉丝也会来光顾我的店哦。"我思考着粉丝是什么意思,和亚伦聊了一会儿,度过了愉快的时光。

门铃叮叮当当地响了。一个日本小男孩出现在书店里。亚伦指着我对他说:"你来得正是时候。这位老师就是你喜欢的绘本的作者哦。"男孩羞涩地盯着我看了好一会儿。他怀里抱着《这是伦敦》的日文译本。我说:"这本书里面的画儿不是我画的,我只是将里面的内容翻译成了日文。"亚伦接着说道:"这些都无关紧要。

这孩子特别喜欢这本书，并且亲自制作了属于他的《这是伦敦》呢。"亚伦让那个男孩给我看看他的作品。男孩扭扭捏捏地从手提布袋里面拿出一本小小的素描本，递给我。封面上写有"这是伦敦"。我翻开素描本，用蜡笔生动地描绘的伦敦景色便映入眼帘，有大本钟、伦敦眼、伦敦桥等。当我称赞他"太出色了，你的画工很棒"时，男孩露出了真心的笑容，然后小声说："送给你吧……"当我感到惊讶并想婉拒时，男孩已经跑出去了。男孩画的《这是伦敦》留在了我的手上。我简直高兴得要跳起来了。而当我想追上去道谢时，男孩的身影早已消失在伦敦的街道。

那个男孩绘制的《这是伦敦》，向初次来到伦敦旅行的我充分地介绍了伦敦街道的魅力。这次旅行实在太精彩了。

走植草流的不良之路

若是没有在少年时代遇见植草甚一，我一定不会在20岁之前去美国旅行。对于美国生活的向往，以及杰克·凯鲁亚克的《在路上》和《高村光太郎诗集》等作品完全颠覆了我曾经的价值观，并给了我开创不同于其他人的生活方式的机会和勇气。当时，我已经做好了出发的准备，但缺少了一些东西。虽然决定好了旅行的目的地，但我完全不知道应该在那里做些什么，也不知道我想做什么，甚至不清楚我应该看什么、寻找什么。我从高中退学，决定摆出流浪者的架势赴美，但当被问到赴美的目的时，我却只能紧紧咬住嘴唇低头一言不发。我只是想去美国，仅此而已。

一天，我在书店的一个角落里遇见了排成一列的植草甚一的著作。当我看到书名时，我的内心深受震撼。当时我还不了解"亚文化"这个词语。脱离了现有的轨道，并非优等生也不是差生，作者作为一个单独的个体对于社会的看法、生活方式、享乐方式、学习方式的著作排成了一列。其中有晶文社出版的《在加德满都吃一颗LSD》（LSD，一种强烈的半人工致幻剂）、《我的纽约指南》《哈莱姆区的黑人》，筑摩文库的《我总是时而入迷时而厌倦》。看到这些引人注目的长书名时，我认为这就是我寻求的旅行指南。于是，在出发前往美国的几个月前，我搜集了许多植草甚一的著作，一一品读。随后，我发现了一些自己都不了解的，潜藏在内心的新的好奇心。我要去美国的街道上漫步，欣赏风景，结识朋友，阅读书籍，观赏艺术展和电影，听音乐，吃美食，体验生活。似乎没有任何目的，而是带着好奇心，直接接触那些不曾了解的事物。要想实现这些目标，唯有执行一条路。我忽然明白了一个道理：我想做的事情并不是去美国旅行，而是去美国生活。

对我而言，植草甚一不仅教会了我旅行的目的，并且教会了我何谓真正的自由和勇气。他是一个活在大城市里的潇洒老头，指引我在成长的路上开启属于我的道路。

植草甚一是一个什么样的人呢？他是一名美国文学、爵士乐、摇滚、电影评论家，是一位杂志编辑、拼贴画艺术家，也是散步专家的开山鼻祖、狂热的旧书爱好者，总之是一位拥有数不尽身份的人。

植草出生于东京的日本桥，是一位地地道道的东京人。他从小就对英语感兴趣，在早稻田大学读书期间，曾做过国外时尚杂志的兼职翻译。在我出发去美国的那个年纪，植草则是在大学留级了两次，最终由于未缴纳学费而被开除学籍，因此辍学。我们有相似的地方，对此我感到特别开心。

后来，他经人介绍进入了东宝电影公司就职。他开始撰写电影评论，并从事电影字幕的翻译工作。然而，植草天生无拘无束的性格使他厌倦了多年来在企业的工作，同时由于被卷入公司内部的纷争，而选择在40岁那年退休。退休后，他才开始发挥自己的才能。他简直是一位大器晚成的不良成年人。自由人植草发挥本领的时代由此拉开序幕。

他自称为"J.J",直到48岁,一直从事与电影和推理文学相关的写作、编辑、评论等工作。有趣的是,他在这个阶段初次遇见爵士乐,好奇心完全偏向爵士乐,便开始撰写自由且个性化的爵士乐评论,开始在《摇摆杂志》连载并由此一举成名。

时间到了20世纪60年代末,植草开展了他的毕生事业——在街上捡垃圾,从中找到宝藏。夜里回到家里,淡然地记录那些宝藏的价值,其代表作《我喜欢散步和杂学》由此诞生。"散步"和"杂学"——恰好与沉迷于美国嬉皮文化的年轻人的感性意识相符。正因为植草从嬉皮文化中找到了属于自己的生活方式,年轻人才沉迷于他的品位。植草自然而然地获得了年轻一代的大力支持,纵身一跃,成了最为了解外国新文化的、先进的时尚界领军人。而那时候,植草已经62岁了。他身材瘦削,穿着牛仔裤和花哨的衬衫,戴着印度珠宝,头戴古怪的帽子,脚下则穿着一双靴子。有时候会打扮得酷酷的,如同一名真正的爵士乐手。

这一时期,日本社会掀起了植草甚一热潮。他会到处搜集各种各样的欧美杂志,并剪下感兴趣的那一页。那是一个没有互联网的时代。从外国的报纸和杂志收集而来的信息成了植草的知识、素材,甚至是工作。可以称之为集大成的工作便是在担任《宝岛》杂志的前身《仙境》(*WonderLand*)杂志的责编期间,负责编辑的杂志。后来,植草以66岁高龄首次前往纽约旅行。他将纽约之行写成了一本书,便是名著《直到我画好纽约地图为止》。就这样,如疾风一般创造了一个时代的植草于71岁那年离开了人世。讽刺的是,由媒体打造的植草热潮仅占据了他晚年的10年时间。

我有一段这样的回忆。小学四年级的时候,我曾经在后乐园那儿的讲道馆学习柔道。在回家的路上,我偶尔会在丸之内线的淡路町下车,到美津浓体育馆看棒球手套。这曾是我的一项兴趣。同时,我初识神保町的旧书店,便一见钟情。有一天,经过一家旧书店朝里面看时,我惊讶地发现店里堆积着小山一样高的外国杂志，仿佛只有那一块地方属于外国。老板看见我痴迷的样子，便用温柔的声音招揽我进去。那家店是已经不存在的外国杂志专卖店——东京泰文社。从那天起，我偶尔会卷起柔道服的袖子，沉迷于站在东京泰文社的店里阅读外国的汽车杂志。那时候日本正处于汽车热潮。有一天，当我像往常一样沉迷于汽车杂志时，有一位老人买了几十本杂志。当书店老板计算好价格时，老人又会往收银台上放几本杂志。当老板计算好追加杂志的价钱之后，老人似乎急不可待，便又去书架上抽走几本杂志，放到收银台上。一来一回，老板也厌烦了，便对老人说："剩下的都送给您吧。"那是一个冬天，那位老人穿着大大的外套，戴着一顶帽子。现在回想起来，那位老人就是晚年的植草甚一。遇见貌似植草的老人仅此一次。

从那时起，直到东京泰文社歇业，那里都是我经常光顾的旧书店。书店歇业的那一天，我如往常一样去买书时，老板第一次送了我礼物。那就是附带植草甚一插图和签名的美国讽刺漫画作品集。这本书现在仍在我手上，每当我看到植草先生的插画和签名，脑中便会清晰地浮现出曾经瞥到的植草甚一的模样。过了很久之后，我才发现小时候偶然遇见了曾经憧憬过的成年人，这奇妙的缘分令我十分惊讶。

现在，我已经年过四十，虽然未曾想过要模仿植草甚一的生活方式，但内心期望能够180°改变至今为止的生活方式，享受新的兴趣爱好，尝试一些新事物。我最害怕的事情是认为自己无能为力和为时过晚，以及在意他人的眼光而剥夺自己的自由。不自由的人的生活方式使得他们无法相信自己。那种生活方式完全不自由、无趣、怠惰。这种人往往讨厌独处，必须时刻与众人站在同一条轨道上才能安心生活。这种人基本上会将自己的不自由归咎于他人。我非常讨厌这种生活方式。植草甚一虽然自私任性，拥有强烈喜恶，言行不一定正确，兴趣也并非高级，但比任何人都要自由奔放。仅仅是这一点，至今依然影响着我的人生。不管是作为一名大叔踏上了新的道路，抑或是作为一名大婶踏上了新的道路，不妨学习植草甚一的生活方式，舍弃现在拥有的一切，尝试过上自由奔放且"不良"的生活。人越是喜欢一件事情，就会投入越多精力。没有任何食物能够如此强烈地吸引人。这里铺展了一条植草流的"不良"道路。

《植草甚一的剪切本》全41卷，植草甚一 著

1976年至1980年之间出版的总共41册著作，在2004年进行了重印，封底的颜色因电影和爵士乐的主题、流派而异。

《谈一谈你了解的植草先生》高平哲郎 著

如题所示，您可以读到矢吹申彦、和田诚、片冈义男、石川次郎、山下洋介、Tamori（森田一义）、野田秀树、森田芳光等名人对植草甚一的看法。

《植草甚一乐园》植草甚一 著

第一版发行于1971年。尽管许多单行本都已经在几十年前绝版了，但植草粉丝必读的这本圣经在35年间不断地被翻印，一直流传下来。

《植草甚一——我最喜欢的大叔J.J100周年纪念册》晶文社编辑部 编

2008年8月8日是植草甚一100周年诞辰。为了庆祝，晶文社出版了这本书。即使生于明治时代，植草甚一现在若还活在世上，一定也比现代

人更时髦。这本书传达了植草甚一的美学,那便是无论时间和环境如何,都要彻底贯彻自己喜欢的风格,按照自己的想法度过每一天。

世界应该走向的和平与作家的祈祷

《原民喜的格列佛游记》原民喜 著

今天天空一片湛蓝,阳光普照。当夕阳将这座城染成蓝金色时,我走过小巷,电灯开始发光,照亮了正在购物的大婶的手臂。从围栏处传来小孩子们哇哇叫喊的声音,从厨房传来"咚咚咚"的切菜的声音,浴室里则传来了"沙沙"的流水声。这是一座城市从灿烂盛夏过渡到温和初秋的景色。我抬头仰望蔚蓝的夜空,凝视着飘动的云朵,直到云朵全部消失在夜空中。

有一个故事使我不知不觉地忆起那灿烂的一刻。只要读过那个故事,任何人都会屏住呼吸,处于警戒状态,一言不发地将它收进心底。这个故事曾经给许多人在某个地方留下了回忆,而今也将会给许多人制造新的回忆。

那是一场历经16年零7个月的旅行故事。是的，就是大家都知道的《格列佛游记》。我特别喜欢这个故事，因此一直想要推荐给大家，让更多人了解这部作品的精彩之处。

《格列佛游记》是由一位名叫乔纳森·斯威夫特的人在大约300年前写的。我想大家都读过小人国的故事吧。看到格列佛在漂流岛上醒来后发现自己被小人们五花大绑的样子，我便抑制不住兴奋，想象那个神奇的世界。《格列佛游记》是一部由小人国、大人国、飞岛、慧骃国四个章节构成的杰作。

格列佛是一位形似流浪汉的旅行者，即使家里有妻子和孩子，他也总是会找借口立刻出去旅行，并非只是出去玩几天，有时候甚至是几十年。于是，他便会遇到匪夷所思的情况，在旅途中与人吵吵闹闹地一起玩耍，简直就像游荡者寅次郎。小时候，我总是在思考格列佛为何总是出去旅行，总有一天，我也要像格列佛一样出去旅行。

现在，我的手上有一本《原民喜的格列佛游记》。令人伤心的是，这本书目前已经绝版了。

原民喜老师是1945年8月6日在广岛遭受轰炸的人之一，同时也是《夏之花》这本令人难忘的二战后日本文学杰作的作者。在生命结束之前，他将自己从灵魂深处涌出的语言用重新叙述的方式写成了这部《原民喜的格列佛游记》。

格列佛在旅程结束时到达了慧骃国。故事描绘了一个乌托邦国家。安静、温和而理性的慧骃国之中不存在任何邪恶。此国的语言中也不存在"权力""政府""战争""法律""刑法"等词语。慧骃国重视友情和慈爱。原民喜老师是原子弹轰炸中的幸存者，他经历了生活在现代的我们无法想象的生活。倘若《夏之花》是他为了结束这一生而写的作品，那么我认为《原民喜的格列佛游记》就是续篇。祈愿世界走向和平的作家祈祷的话语与遗留下的东西，便是这部《原民喜的格列佛游记》。

一到夏天，我就会拿起这本《原民喜的格列佛游记》，它是我所珍视的宝物，一直留存于我的心中，使我想读上无数次。

贫穷的工作带来的快乐

《火的誓言》河井宽次郎 著

想要见一个人,想要听那个人的声音,这种模糊不清的思绪会温暖我一整天。人与人之间的联系并不仅仅是一起去做某件事,还可以通过这种轻飘飘的情绪来温暖彼此身边的空气。人们往往对于一件事情的最终形态充满热情。然而,实际上,与之缘分甚浅,甚至在无法被看清、形状也会发生变化的事物之中才存在着重要的生命之火。凝视着那生命之火,也是为日常生活创造美丽的一小步。

现代民间艺术的先驱、陶艺家河井宽次郎先生撰写的珍贵的随笔集《火的誓言》教会了我这个道理。

《火的誓言》,这一书名看起来非常强势,

使人忍不住退缩，但故事内容的风格并非如此。文笔洋溢着幽默的味道，文章简洁明了，任何人都能轻松地阅读。并且，如果您对能够丰富日常生活的杂货和工具感兴趣，那么您一定会在读过这本书后学会享受日常生活，扩大自己的世界，温暖每一天。

河井先生曾在二战前走访各地的农村，在当地居民的生活中发现手工艺品，并创造了"民间艺术"一词。美丽的物品从何而来？倘若您认为只要具备材料和技术便可以创造美丽的物品，那就大错特错了。"草制品、陶瓷、纺织品、版画等民间艺术为何如此美丽？它们是怎样制造出来的？是在何时何地由何人之手创造而成的呢？它们本身所具有的美感和社会性又是什么？"河井先生继续静静地提问，"此外，面向未来的新的民间艺术是什么呢？如何才能创作出来呢？若是创作出来了，我们应该如何去培养呢？面对这一切，我们必须亲自踏出一步。艺术必须从物品出发，而民间艺术则必须从一件事物开始萌芽。若是对事物的重视程度低于物品，则无法培养民间艺术发展茁壮。"河井先生的话语将逐渐渗透到当代人的内心。

河井先生看到了一年四季各式各样的城市风光,有孩童、卖风车的小贩、豚骨拉面店、千金丹商贩,等等。他对昆虫和动物也投下了慈爱的目光。他热爱大自然,亲手触摸蔬菜和大米等农作物,并面向广阔的天空和阳光打开了生命之窗。今天,河井先生也在向我传达在田地里干农活的贫穷工作带来的喜悦。

河井宽次郎先生用自己的一生来发现美丽的事物,用自己的方式回报这份天赐的生命,以及人类和物品赐予自己的恩惠。在本书后半部分,专门留出几页收录了读者的话。其中有一些令我非常惊讶的留言,我想在此写出来:"我存在于某处——走出去。""我想看见一个全新的自己——去工作。"

我做着迎接冬天来临的准备,似乎内心充满了新的感觉。早安。

遇见值得相信的美丽

《观光巴士不去的……》冈部伊都子 著

我在京都的"竹虎堂"陶器店里购买了一只小茶壶。这只小茶壶有一个木把手,在柔和的背景上用蓝色颜料绘制了兔子、青蛙和猴子愉快奔跑的画面。这幅图属于京都高山寺的鸟兽戏画。用那个小茶壶泡茶时,我会呆呆地看着兔子、青蛙和猴子的模样,因为这幅画面会使我联想到它背后的故事。

有一天,我从京都站乘坐巴士,花了1小时到达栂尾的高山寺,在那里散了一会儿步。因为我想看一眼画在小茶壶上面的鸟兽戏画,并且想了解鸟兽戏画的故乡高山寺是个怎样的地方。

我来到了古义真言宗别格本山高山寺。到达寺庙入口时,只见铺有方石的小径笔直地向前方延伸,老铁杉和老松树笔直地挺立在两侧,仿佛在迎接到访者。我悠闲地向里面走去,看见了镰仓时代初期建造的正殿:美丽的石水院和开山堂。高山寺虽然赫赫有名,但既无施主,也无领地,且没有打造为旅游景点的计划。或许正是由于荒无人烟,神秘而温和的空气在此缓缓流动,形成了一片华严净土。

高山寺的鸟兽戏画,继承了鸟羽僧正的画法,由四册高山寺绘本组成。但是,其原件已委托博物馆保管,我们只能看到照片和复制品,实在非常遗憾。经我询问,得知第一卷是所谓的鸟兽戏画,第二卷是鸟兽素描,第三卷是人物画和鸟兽图,第四卷是僧侣的人物戏画。果然第一卷动物拟人的鸟兽戏画具有超群的趣味性。我立刻看向复制图,图上有猴子、兔子、青蛙,以及狐狸、鹿、猪、老鼠、猫等动物,那生动的姿态和动作,具有动人心魄的力量,使我仿佛能听见动物们的声音。青蛙正在进行相扑比赛,用力将兔子扔出去。另外还有正在念经的猴子大师以及举办酒宴、在河边玩耍的动物们。越看越是有趣,就像一幅幅的漫画。这是以当年的朝廷和僧侣的生活为主题的最杰出的讽刺画。如今我们能够自由地观赏这些画作，但绘制这些画的时候，这些幽默的画卷又处于怎样的地位呢？

在短暂的京都之旅中，我在散步途中遇见了一册老虎画卷。那是一本名为"观光巴士不去的……"的有趣的古寺和高山寺庙游记，作者为冈部伊都子。这是一本闪闪发光的书，认真散步、用心旅行的冈部伊都子老师的模样仿佛浮现在我眼前。

我一边喝茶一边思考这次旅途中是否遇见了我可以相信的美丽。樱花还未开放吗？

拥有坚定眼神的著名随笔

《米泽的雪》木村东介 著

我从冬末开始到处搜集未曾读过的日本著名随笔，其中包括岩本素白那极为纯粹的美妙文章、高桥诚一郎眺望着大矶写下的财经行业的小故事，和长谷川伸用锐利的眼神解说历史的文章。在这个春天，我获得了大丰收。

我在《米泽的雪》这本随想录中了解到东京汤岛的画廊"羽黑洞"的所有者木村东介这个人。木村东介活了90个年头，享尽天年，是标榜日本民间艺术的画商之一。他那极具反抗精神的生活方式受到众多艺术家和商人的喜爱，不必提他在这条道路上积累了多少业绩，仅是偶尔写下的有趣随笔就已经为许多人着迷。

"美这种东西的本质，必须是真实的、简单

的、原始的，并且幼稚笨拙。"在年轻的长谷川利行、中村正义以及斋藤真一等艺术家孤立无援的时代，木村东介向他们伸出援手，并且为他们开创独特的艺术境界给予了大力支持。

离开米泽，来到东京的木村东介，于昭和十一年在汤岛开了一家售卖奥州怪异物品的商店，其名为"羽黑洞"。后来，他协助长谷川利行和木村庄八出道。随后，他提倡日本的浮世绘应该在全世界受到赞誉，尤其是不能只关注版画而忽略了手绘。真正能够体现艺术性的作品应该是由手绘创作的。他认为画商不能害怕真伪问题而回避手绘作品。当年，他以独特的审美风格收藏了没有人愿意收买的早期手绘的浮世绘作品。

《米泽的雪》是精选了木村东介多年来撰写的文章，例如许多回忆和生活片段、艺术和浮世绘以及与人的相遇等内容的集大成之作。

下面我想说一个关于"约翰·列侬和歌右卫门"的故事。一天，约翰·列侬来到了"羽黑洞"。付完账之后，列侬一直抱着木村东介高价买到的松尾芭蕉的短篇集。见此情景，木村东介感到非常高兴，认为松尾芭蕉的这部作品与其卖给日本人，不如卖给这个人。通过这个缘分，木村东介邀请列侬去歌舞伎座观看表演。但他们的运气很差，当时上演的剧情和华丽完全相反，他们看的那场戏刚好是歌右卫门和勘三郎在隅田川的结局。然而，看完此剧后，列侬无法抑制内心的感情，潸然泪下……木村东介看到列侬为"歌右卫门"的演技湿了眼睛却没有擦拭眼泪，便从心底尊敬这个人。后来，他在收到松尾芭蕉作品的费用时，觉得收这个人的钱简直是罪恶。

诗歌中的自然主义

《早晨,描绘一片蓝》前田夕暮 著

若是问我会带哪些书去无人岛,我列举的答案一定包括前田夕暮的《早晨,描绘一片蓝》。前田夕暮与若山牧水都是著名的自然派和歌作家。夕暮的代表作《收获》成了明治和大正年代诗歌世界的全新之风,他晚年撰写了《绿草心理》《炊烟田园》《雪和蔬菜》《显花植物》《早晨,描绘一片蓝》等五部散文集。

夕暮的作品就像在口中慢慢融化的糖果一样令人感到甜蜜温暖。夕暮不会对人们所思所想进行任何修辞和夸张,并且不会表达自己创作诗歌的情怀,而是尽可能诚实地表达他的感情。表里如一,便无从挑剔了。夕暮的诗歌充满了口语化的表达方式,同时带有散文式的表达,处处体现着诗歌之中的自然主义。

夕暮热爱大自然,例如草木、土壤、广阔的天空、山间小道、阳光的颜色、雪、风,以及雨的气味。他用一颗童心讴歌日常生活,他爬树,翻越山丘,登上山顶,走过原野,在河边垂钓,浸泡在土壤里。夕暮写道:"只有带着童心长大的人才是真正地活在这个世上,失去童心的人则是过着非人般的生活。正因为我是人类,所以我想和草木、鱼鸟,还有种植的蔬菜一同生活下去。"如今,带着童心生活的人可能会被嘲笑脱离社会轨道,但仔细想想,真正开心快乐的事情,活着的喜悦和幸福,都只可能从一颗童心之中诞生。

《早晨,描绘一片蓝》是一部优秀的散文集,充满了强烈的感受和敏锐的观察力,并且具有清新的表达方式。夕暮在序文中写道:"我在大自然中投入的时间越多,就越是安稳,越是快乐,越是不会难过。大自然总是亲切地呼唤着我。无论何时,大自然一直张开着怀抱拥抱我。大自然使我展现了真实的姿态,并且让我得以以真实的面貌活下去……"夕暮的散文既像日记又像随笔,无论从哪里开始读,都很容易读下去,总是能温暖人心。我每次阅读《早晨,描绘一片蓝》,总是像见到了喜欢的人,内心会涌出喜悦之情。

被夺走一本很难买到的书,实在是令我不安。但我真心希望能有更多的人知道"前田夕暮"这个名字。最后,我想留下夕暮令我难忘的一句话:"希望为我画像的人能够将我的裸体放在蓝色的草地上……"

可以带着爱不释手的心情接触的菜肴

《爱丽丝·B.托克拉斯的食谱》爱丽丝·B.托克拉斯 著

我在7月前往纽约,在那里度过了晴朗的每一天。在城市中行走时,我的双腿仿佛就像在微风中飞舞的树叶一样轻盈。

静悄悄地坐落在翠贝卡的"Joan Hendrix Cookbooks"(琼·亨德里克斯食谱)是我最喜欢的旧书店之一。那家小小的食谱专卖店隐匿于被柔和的树荫悄悄包裹起来的街角。

店主琼女士羞涩地对我说:"这不是一家收藏着内容晦涩旧书的书店,而是将我自己最喜欢的阅读和烹饪结合起来的地方。"摆放着书架的房间里面还有一个厨房,琼女士偶尔会开设烹饪培训班。

"我有许许多多喜欢的书。但只有这本书，若是被顾客从书架上取下来阅读，我就会感觉胃被揪着一样的痛。我祈求着这本书不要被任何人买走，但我无法发出任何声音，只有我的嘴巴在一张一合。"

琼女士在肚子前面用力拧毛巾，滑稽地表现她胃痛的样子。那么，琼女士最喜欢的书是什么呢？那就是《爱丽丝·B.托克拉斯的食谱》。

本书作者爱丽丝·B.托克拉斯曾在巴黎开了一家沙龙。她是曾经担任毕加索和亨利·马蒂斯等画家的资助人——美国作家格特鲁德·斯泰因的终身情人。

本书以20世纪20年代的巴黎和法国小村庄皮里格为舞台，以散文的形式描绘了斯泰因和爱丽丝的爱情生活以及与仰慕两人关系的朋友的往来。同时它也是最高级的食谱。值得一提的是，本书毫不吝惜地介绍了爱丽丝为包括毕加索在内的众多艺术家烹饪佳肴的食谱。

琼女士在书架上一个不起眼的位置摆放着她最喜欢的装饰精美的第一版的《爱丽丝·B.托克拉斯的食谱》。当我提出疑问"你将那么重要的书放在店里面，若是被人买走该怎么办"时，琼女士露出了烦恼的表情回答道："我不能将它藏起来。将好书收起来的话，我可就要丧失作为一名书店主人的资格了。"

这本书曾经闻名到了怎样的程度呢？我举个例子说明吧。由于书中记载了一份令人惊讶的名为"（任何人都会在下雨天想做的）含有麻药的蛋糕"的菜谱，当这本书于1954年在美国出版时，时髦的文学青年便以带着这本书出行为潮流，因此而闻名了好一阵子。

今年冬天，我又有要事要去一趟纽约。我想再去琼女士的小书店里，翻看那本悄悄地放在书架上的《爱丽丝·B.托克拉斯的食谱》。我想再次感受那种令人爱不释手的情绪。

原著名字为"THE ALICEB TOKLAS COOK BOOK by ALICE BTOKLAS"。

一个小故事带来的人类赞美诗

《保罗·奥斯特朗读的美国故事计划》保罗·奥斯特 著

昨天,我遇见了一本好书。今天早晨醒来时,我仍然兴奋得心脏怦怦跳。无论是在沐浴还是吃早餐的烤吐司,我一直莫名地兴致昂扬。到达公司之后,我立刻就坐到工位上开始写这本书的读后感。阳光透过办公室的玻璃窗照射进来,室内充满了阳光的味道。我伸了个懒腰,然后拿起一支钢笔。

《保罗·奥斯特朗读的美国故事计划》是美国作家保罗·奥斯特根据他主持的广播电台节目《美国故事计划》中收到的投稿故事整理而成的一本书。

有一天,保罗·奥斯特接到了美国国家公共

广播电台节目组的委托,邀请他定期参演电台节目。节目内容是每个月朗读一次故事。他没有立即回复,因为他对此并不感兴趣。然而,当他与妻子商量这份工作时,妻子的一句话让他改变了主意:

"让每一位听众写出自己的故事不就好了嘛。然后,你从中挑出最好的一个故事,将它朗读出来。"

一个叫作"美国故事计划"的广播节目由此诞生。

"我们正在征集故事。"

他在广播节目中呼吁各位听众给节目投稿,并真心实意地说了一段话:"我想要的故事必须源于现实中发生过的事情,而且必须简单,但我对内容或风格没有任何限制。请从你们家族的历史之中,内心或是身体,或是潜藏在灵魂之中神秘且未知的力量之中挑选奇闻逸事。如果您以前从未写过故事也无须担心。每个人或多或少知道一些有趣的事情。我欢迎任何人来投稿。我会认真地看完所有来稿……"

后来,他收到了5000个来自美国各地的故事。通过这种方法收集了许多故事，《美国故事计划》节目则是每个月挑选五六篇故事，由保罗·奥斯特来朗读。这个节目持续办了两年。

现在，我拥有的《保罗·奥斯特朗读的美国故事计划》是从那5000个故事中挑选的18篇故事组成的文集。令人开心的是，本书还附有保罗·奥斯特朗读的CD。

在阅读故事之前，我先听了朗读。首先有一段序言，向我们介绍保罗·奥斯特的节目诞生的原委以及他的想法。听完序言后，我听见一个时而安静且温柔，时而强劲有力的声音开始认真地朗读故事。撰写故事的人来自各行各业，有邮局工作人员、商船船员、公共汽车司机、电表检测员、音乐家、医生、家庭主妇和退伍军人。这些故事具有很强的真实性，从朗读故事的声音就能听出来。这些小故事都充满人性与真实性，没有掺杂半点谎言。这就是这些故事能够抓住听众和读者的心的原因。眼泪自然而然地从我的眼角流下来，我流下的眼泪比读过的故事更多。我打心底里认为人类是一种美丽的生物。

和眼睑中的友人一同去森林

《辻诚全集》辻诚 著

即使有朋友邀请我去森林里野营,我也很难答应出门赴约,这是有原因的。

从十几岁的时候开始,背着帐篷到山郊野外,在那里过上几天清净的日子,对我来说便是无可取代的珍贵经历,同时也是我的兴趣。有时候,通过与站在我面前的大自然安静地对话,就能平复我那被社会摧残的内心。正因为大自然之于我有如此重要的意义,我无论如何也无法想象和其他人一起在森林中会度过怎样的时光。我不喜欢喝酒,也对美食没什么兴趣,我仅仅是怀抱着独自去安静的森林里享受时光的目的而出行,因此我不知道该如何在那种地方与其他人相处。

回想我在森林里做了哪些事情。我想面对各

种各样的大自然的智慧，在一个地方蜷缩成一团，伸伸懒腰，四处走动，就这样度过了好几天。我用大学的笔记本写下了在那里看到的、感受到的、从心里萌发的、脑中思考的事情，然后尝试从这些文字之中寻找自己。或许是因为憧憬梭罗的《瓦尔登湖》吧。到森林里去就像是寻找东西，或许也是对旅行的渴望。

当我想摆脱某种情绪时，便会踏上旅途，有时候会背着帐篷去森林，我经常还会因为想读书而去森林。

我在森林里读得最多的书是中里介山的长篇小说《大菩萨岭》。这是一部没有终点的旅行故事，主角是一位为幕末的虚无着迷的剑士。这部巨著总共有41卷（筑摩书房出版的版本共有12卷），由于作者去世而未能完结。这部小说有种奇妙的味道，使我明明读完了整部作品，却依然产生了故事没有完结的错觉。

这几年，陪伴我旅行的朋友便是《辻诚全集》。达达主义的中心人物辻润是辻诚的父亲，而妇女解放运动家伊藤野枝是其母。我很高兴能够拜读辻诚用散文的形式写下来的一生旅程。

昭和三年，辻诚的父亲辻润作为《读卖新闻》的特约记者移居法国，当时15岁的辻诚不得不从初中退学，跟随父亲前往巴黎。随后父子俩在巴黎待了将近一年。回到日本后，他向与父亲相关的杂志投稿了《遇见爱伦堡》《我所看见的巴黎》等随笔。在他晚年撰写的文章中，提到了当年从日本到马赛的航程需要花48天时间，为此他带上了各类书籍，而他为旅行准备的书箱的一大半空间都被中里介山的《大菩萨岭》占据了。

"至今，每当我回想起中里介山的小说《大菩萨岭》中的文字，闻到地铁的味道，就会怀念巴黎的地铁……"（引自《辻诚全集》）对于一直独自旅行的人而言，带着一本如同老友一样的书，眼前模糊地浮现出某个遥远的旅途中的情景，便是无上的幸福。诗人兼画家的辻诚特别喜爱山，他有一位名叫KINSAKU的朋友，经常在他的随笔中登场。

刚才，我一直从房间的窗户往外眺望群山，希望自己也能有一位像KINSAKU那样的朋友陪伴自己去森林。

无法忘怀的人

《种树的人》让·吉奥诺 著

收拾旅行的行李时,我忆起一年夏天在法国驾车旅行的事情。我驾车从巴黎出发,途经里昂、阿维尼翁、尼姆、阿尔勒和马赛,一共花了两周时间。我听说在过去,巴黎的新婚夫妇特别流行驾车去马赛旅行。似乎是一直沿着乡间小路往南方行驶。还有一首歌描绘了这些情景。

如果选择高速公路,从巴黎驾车去马赛旅行,包括住宿在内大约需要花上4天时间。若是选择乡间小道则需要一周时间。如今若是特意选择费时间的国道,一定会遭到人们的嘲笑,尽管如此,我依然选择了这条被人嘲笑的旅途。

在旅途中,有一辆老式浅蓝色雷诺汽车沿着直线往前开,一直闪着右转信号灯。我以为那辆车的司机忘了关掉转向灯,便继续向前行驶,这时我听见一辆从后面驶来的汽车喇叭直响。我一看后视镜,后面的司机摆出夸张的动作质问我:"为什么你不超过前面那辆车先过去呢?"我这才恍然大悟,原来前面那辆雷诺车的司机想悠闲地驾驶,所以通过转向灯向我发出"请您随意超车"的信号。能够在旅途中通过这种方式学习未曾了解的知识,实在有趣。当我正要超过那辆车时,看见驾驶着雷诺车的司机是一位老奶奶,而助手席上坐着一位正在喝红酒的老爷爷。老奶奶笑着向我轻轻点头,开车的样子特别可爱。浅蓝色的雷诺车晃晃悠悠地缓慢前进,我仿佛听见了谁在悠闲地吹着口哨。

在前往阿尔勒的路上,我穿过了方特维雷村的森林。然后,我看见了许多小山丘,每个小山丘上面都有带有红色三角帽子屋顶的小房屋和风车。那就是创作了《磨坊书简》等杰作的阿尔封斯·都德描绘的小磨坊。下车漫步此地,我发现周围出乎意料地被陡峭的地貌包围着。地面上到处都是石头,虽然森林星罗棋布,但并不富饶。这或许是一个不太适合人类居住的地方。我一边思考着这些事情，一边来到小磨坊前面。眺望着远处方特维雷的风景，我想起了一本书。"要了解一个人的确具有非凡的品德，就必须幸运到得以花上长年累月观察这个人的行为。倘若此人从未有过任何自私的行为，并且能够确定他对实施某种行为的思想无比高洁且不求任何回报，并且他的行为在这个世上留下了痕迹，那么我可以肯定我绝对见到了一个无法忘怀的人。"

上面那段话正是《种树的人》的开篇。这部作品是法国作家让·吉奥诺的代表作。故事描写了一位名叫埃尔泽·布菲耶的牧羊老人半生的故事。老人生活在法国的普罗旺斯，在长达40年间只身一人坚持种植橡子等树木，将荒山恢复为茂密的绿色森林。

我一遍又一遍地读这本书，每读一遍就想立刻将它送给更多人，因此反反复复读了很多遍。现在，我将如此深爱的《种树的人》塞进包里，准备再次出发去法国旅行。

给书架注入爱情

《佐藤泰志作品集》佐藤泰志 著

我正在一座图书馆里。

办公室附近新建了一座图书馆。图书馆的名字叫作代官山的山坡图书馆。尽管我有地方撰写手稿，思考某些事情和进行工作，但我会特意带上一套工作用的工具，爬上那条陡坡，来到这座图书馆。现在是星期六中午。图书馆由于刚建成且需要办理会员才能进馆，因此来馆的读者寥寥无几。我找到了一张沐浴着柔和阳光的纯白色的桌子。

我特别喜欢这座图书馆藏书的方式。图书馆让100个来自各行各业的人各选10本书，不紧不慢地运营着，完全没有计划继续增加书目。要说有变化的话，也就是挑选书的人重新选择10本书罢了。有机地思考如何发展的想法非常新颖,那种想法会为人们带来舒畅的感觉。

在城市里忙碌地生活时,我总是渴望能有一个可以独处的地方。例如可以通过待在一个公园里面,或是找个地方散步来实现这个目的,但总感觉和我的期望有所不同。怎么说呢,有那种能够让人更舒适地放松身心的好地方吗?我虽然喜欢独处,但又是个害怕寂寞的家伙,我这种任性家伙的秘密之处在何方呢?

于是,我找到了这座图书馆。在这里可以随意独处,几百个人的意识在此静静地伫立着,这使我心安神定。因为只要我想与他们接触,随时随地都能接触到。并且是通过书来与人对话,因此完全不必担心吵闹。

文艺评论家加藤典洋正是参与选书的100人之一,前段时间,他对我说了这样一番话:"阅读由100个人挑选的书,还真是有意思啊。可以窥见那个人的本质,也能发现意想不到的事情。例如内馆牧子老师挑选的10本书里面竟然有《佐藤泰志作品集》。没想到这本书会被选中,我实在是惊讶不已。这部作品由一家名为'crane'

的小型出版社出版，几乎无人知晓。对我而言，在佐藤泰志刚出道时，他在我心中的分量相当于村上春树。然而，非常遗憾的是，他的作品并不为人所知，后来他在41岁那年，在家附近的苹果树上上吊自杀了。没想到我能够以这种形式与我等爱书者熟知的小说家重逢。"

加藤老师注视着收藏由100个人选择的书籍的书架，笑容之中透露着喜悦之情。

无须猜想加藤老师的动作，我知道他想立即拿起《佐藤泰志作品集》读一遍。而现在，我的手边放着一本封面如同蓝天一样颜色澄澈的《佐藤泰志作品集》。

视线停留在目录上时，我发现此书内容由10篇小说、6篇诗歌、7篇随笔构成，将近700页。虽然读者可以借走馆里的藏书，但我想尽可能来馆里阅读这本著作。

虽然还想继续写一写内馆牧子老师挑选的其他著作，但还是在此搁笔吧。因为馆里还有其他99位老师挑选的书呢。

能够找到一个每天都想去的地方，我高兴得无以复加。

后记：普遍的阅读指南

作者喜欢扛着帐篷去山林里独自野营，即使有朋友邀请他一起野营，他也提不起兴趣。原因是"我无论如何也无法想象和其他人一起在森林中会度过怎样的时光"。那么，作者会怎样度过野营的时间呢？

"我想面对各种各样的大自然的智慧，在一个地方蜷缩成一团，伸伸懒腰，四处走动。就这样度过了好几天。我用大学的笔记本写下了在那里看到的、感受到的、从心里萌发的、脑中思考的事情，然后尝试从这些文字之中寻找自己。"（摘自《和眼睑中的友人一同去森林》）

对他来说，野营是将自己同某些事物隔离开来的行为。

"有时候，通过与站在我面前的大自然安静地对话，就能平复我那被社会摧残的内心。"（摘自《和眼睑中的友人一同去森林》）

读到这一段时，我才理解松浦老师野营的目的，由此产生了被救赎抑或有趣的感觉。森林空气清新、湿润、美丽，的确是个好地方，但同时也会发生许多意料不到的事情。例如植物上面有许多尖刺，有的地方油腻腻的，有的物体特别坚硬扎人。在广袤的森林中只身一人便会遇到这些无法预料的情况，但正因为是只身一人，才能与森林的万物对峙。关于上述言论，并非为了比较哪种方式更高级而列出独处和有朋友陪伴两种方式，而是为了解释在森林中独处是作者恢复精神的方法。

他的书店"COW BOOKS"向年轻人普及了旧书的趣味性，告诉人们收集旧书并不仅是传统收藏家们的爱好，向人们传达信步逛旧书店的乐趣。如今，逛旧书店的兴趣已经作为挑选唱片和电影一样潇洒的兴趣，回归到这一代年轻人身边。

"COW BOOKS"位于目黑区的沿岸一带。每逢樱花开放的季节，便会有许多年轻人为了购买旧书而不远万里来到这家书店。

有一位穿着红色连衣裙、看起来不到20岁的女孩穿过收银台询问道："请问这里有史努比的第一版漫画吗？"松浦老师感到非常惊讶，同时非常兴奋，因为他能肯定旧书正在流行。遗憾的是，当我在世田谷区车站前的一家小型二手书店兼职时，没能看到这种情景。"第一版"，如此传统的旧书名词，与史努比不相称的气氛，实在是天真烂漫，使我头晕目眩。能够使旧书形成新的流行风潮，让年轻人追捧，说明"COW BOOKS"是一间具有新时代理念的旧书店。

书架上的旧书都是松浦老师和店里的工作人员亲手收集而来的。旧书店有一种采购方式：店主加入"旧书协会"组织，通过在同行人士的市场上竞拍书，或是与同行交换书，以便集齐适合自己书店的书。我听说即使经常去旧书市场的人也很难买到或找到一些稀有书籍，但加入组织的话，必定能够更稳定地采购到想要的书。松浦老师并未加入任何旧书组织，但也收集了这么多书。我环视这家书店，眼前是如同生命树一样纵横交错的书本无尽连绵的景象。每当顺路到书店，我都会感慨这庞大的收藏品不寻常。

之所以回忆起书店里面令人惊讶的景象，是因为我认为独自去森林野营的景象和不属于任何旧书协会这两件事情，都与松浦老师做事的根源紧密相连。

这本书是由一位接触过许许多多书籍的人撰写的阅读指南。

读过本书后，我确信每个人都有适合自己的阅读方式和介绍方法，这样就可以了。这本书给我带来了欢乐，如同与合得来的好友分享好书一样畅快淋漓。

松浦老师介绍书的方式和传统的书评有所不同。虽然我没办法很好地说明这两者之间的区别，但下面我会尝试写下我的看法。

若是将松浦老师的书评比作一个人，就好比这样一个情景。理科出身、文科出身、经济学出身、音乐系出身的人一同出席某个宴会，其间有一个人不停地谈论自己专业领域的话题，而其他人便会认为"我们所处的领域完全不同，所以根本没办法聊天"，于是谈话便会无从进行了。这种情况非常普遍（"普遍"又是什么意思呢？）。但是，我认为，如果这些人都是在一个领域发展到了极致，那么即便是谈论不相关的领域的问题时，他们应该能够接得上话题，也能找到互相理解的途径。因为他们基于普遍性谈论问题，所以能愉快地倾听不同领域的人们说的话。希望我举的例子能让各位读者了解松浦老师的书评是脱离了普遍性的。

当我在早晨准备出门时，我一边思考着今天应该以怎样的心情度过一天，一边从堆积如山的书里面抽出一本，放进包里。也许我只会稍微翻动一下，原原本本地将它带回家。但我认为这是决定今天一整天的心情所必须做的一件事。若是从家里早出晚归也算是一场小小的旅行，那么书就是我的旅伴。我认为，可以将《被称为好书的书》当作你的旅伴，也可以将松浦老师当作一个稀奇的人。

在松浦老师介绍的许多书中，令我最为幸福、最想读的一本书是林白夫人的《从北美到东方》。

浅生HARUMIN

插画家、散文家